EL CÓDIGO DE LA MENTE TRANQUILA

Psicología Práctica para Reconstruir Tu Paz Sin Meditar durante Horas ni Borrar Tu Personalidad

Harvey McGarry

Publicado por Authors Crib

www.AuthorsCrib.com

PREFACIO

Si estás leyendo esto, sé algo sobre ti.

Sé que estás cansado. Tu cerebro es ruidoso. Sientes como si llevaras un pequeño comité gritando contigo a donde quiera que vayas.

Probablemente has intentado arreglarlo. Quizás compraste los cristales.

Quizás intentaste sentarte en silencio durante una hora, solo para descubrir que el silencio es donde viven los monstruos.

Este libro es para el resto de nosotros.

Para las personas normales, ligeramente desajustadas, que aún desean paz sin tener que fingir iluminación espiritual.

Te prometo que esto no es palabrería.

Esto se trata de herramientas prácticas.

Se trata de psicología que funciona en una vida ruidosa.

Vamos a dejar de intentar ser perfectos.

Vamos a dejar de intentar controlar todo.

Solo vamos a aprender a bajar el maldito volumen.

Bienvenido al código.

ÍNDICE

Chapter 1: El error de $9,000: Por Qué Tu Cerebro Actúa Como un Detector de Humo Defectuoso (y cómo este ruido crónico te cuesta todo) 1

Chapter 2: El Código de Defusión de Pensamientos™: Cómo escuchar la voz sin creer la mentira 17

Chapter 3: ROMPER: Escapando de la Cinta de Correr del Sobrepensador que Desperdicia 19 Horas de Tu Semana 36

Chapter 4: La Ilusión del Control: Cómo Intentar Manejar lo Incontrolable Agota el 80% de tu Energía Diaria 55

Chapter 5: El Hack de Cancelación de Ruido: Técnicas Prácticas para Silenciar Reacciones Emocionales Sin Supresión Tóxica 73

Chapter 6: CONOCE AL COMITÉ: Un Inventario de las Voces que Te Vuelven Loco (Y Cómo Hacer que Se Callen) 91

Chapter 7: El Protocolo de Entrenamiento de la Voz: Cultivando Activa y Conscientemente al Narrador Interior Calmo y Objetivo en 14 Días 109

Chapter 8: Personalidad Protegida: Cómo Lograr la Paz Te Hace Más Interesante, No Aburrido 128

Chapter 9: El Código Aplicado: Integrando el Sistema de Mente Tranquila para una Paz Permanente y Sostenible 144

INTRODUCCIÓN

LA VERDAD CHOCANTE SOBRE POR QUÉ LA 'ILUMINACIÓN ESPIRITUAL' FALLA A LAS PERSONAS NORMALES (Y EL SIMPLE MANUAL QUE ARREGLA TU CEREBRO DESORDENADO)

Necesitamos hablar sobre tu cerebro.

No las partes inteligentes. No las partes geniales que resuelven problemas imposibles en el trabajo.

Me refiero a la parte que actúa como un detector de humo defectuoso.

Grita cuando no hay nada ardiendo. Grita sobre cosas que sucedieron hace cinco años. Grita sobre escenarios catastróficos que tienen un 0.01% de probabilidad de ocurrir.

Esta vigilancia implacable te mantiene alerta. Pero no te mantiene a salvo.

Solo te mantiene cansado. Cansado hasta los huesos.

El mundo nos ha convencido de que necesitamos soluciones espirituales grandiosas y abrumadoras para este ruido. Dicen que debes ascender. Te dicen que medites durante ocho horas al día. Nos presionan para que vayamos a vivir a una cueva o, al menos, borramos nuestras personalidades desordenadas y complicadas.

Eso es una mentira. Es un mito vendido por personas que no entienden las verdaderas demandas de una vida normal.

Puedes mantener tu personalidad. Puedes mantener tu vida. Puedes conservar tu ambición y tu sarcasmo.

Lo que necesitamos no es iluminación. Necesitamos un mejor sistema operativo.

Necesitamos dejar de tomar en serio el ruido interno. Necesitamos ver nuestros pensamientos por lo que realmente son: datos antiguos, ecos de miedo y estática eléctrica.

Necesitamos aprender, con precisión quirúrgica, dónde está realmente nuestro poder. Necesitamos entender los límites de nuestra influencia.

Este no es un libro de autoayuda que te dice que sonrías más. Esto no se trata de afirmaciones aburridas.

Este es un manual. Un manual psicológico y práctico para el sistema operativo humano. Es desordenado. Es real. Funciona porque aborda el hardware, no la fachada.

Vamos a dejar de intentar controlar todo lo de afuera. Vamos a empezar a controlar lo único que importa: cómo respondemos al griterío por dentro.

Comienza aquí mismo.

Reconstructemos tu paz.

CHAPTER ONE

EL ERROR DE $9,000: POR QUÉ TU CEREBRO ACTÚA COMO UN DETECTOR DE HUMO DEFECTUOSO (Y CÓMO ESTE RUIDO CRÓNICO TE CUESTA TODO)

Tu cerebro es ruidoso.

¿Puedes oírlo ahora mismo?

Ese es el comité.

Ese pequeño consejo gritando que nunca se cierra.

Es la constante estática. El zumbido de baja frecuencia de preocupación que corre por debajo de cada pensamiento consciente.

Te despertaste con él. Conduciste al trabajo con él. Estás leyendo estas palabras con él funcionando en segundo plano.

No solo observa tu vida. La narra. La juzga. Critica constantemente tu desempeño.

Te mantiene atrapado en un ciclo de agotador esfuerzo mental.

Te dice que estás cansado. Te dice que eres inadecuado. Te dice que el éxito es posible solo si te preocupas más.

Este ruido es el problema.

Es el error de $9,000.

No una compra específica de $9,000. No. Este es el precio acumulativo y en curso del caos mental crónico.

Es el costo del sueño perdido. La energía desperdiciada en discusiones que solo ocurrieron en tu cabeza. Las oportunidades que perdiste porque la voz interna fabricó una aterradora evaluación de riesgos.

Este ruido es caro. Te cuesta claridad. Te cuesta paciencia. Te cuesta conexión.

¿Por qué escuchamos a la peor voz en la sala?

Es desconcertante, ¿verdad?

Si invitaras a cinco personas a tu sala de estar para discutir tu futuro, y una de ellas empezara a gritar tonterías apocalípticas, llamarías a seguridad.

Cerrarías la boca a esa persona.

Sin embargo, cuando esa voz vive dentro de tu cráneo, le otorgamos autoridad absoluta. La dejamos dictar nuestro estado emocional. Tratamos sus gritos como si fueran una verdad sagrada.

Necesitamos una mejor metáfora para lo que está sucediendo ahí arriba.

No es alguna gran deficiencia espiritual. No estás fundamentalmente roto.

Su hardware solo está descalibrado.

Tu cerebro es un detector de humo. Un modelo muy viejo y altamente sensible.

Su única misión es la supervivencia. Escanea el entorno en busca de amenazas. Fuego. Depredadores. Rechazo social.

Cuando detecta algo, cualquier cosa—una sombra, un sutil cambio en la rutina, un recuerdo—grita. Activa el protocolo de alarma.

Esto funcionó a la perfección en la sabana. Tus ancestros estaban agradecidos por esa alarma.

Salvó sus vidas de fuegos físicos reales.

Pero ya no vives en la sabana.

Vives en un mundo de hipotecas y correos electrónicos y pequeños atascos de tráfico.

El fuego se ha ido. La amenaza física está en gran medida neutralizada.

Pero el detector de humo permanece. Y está fallando.

Está gritando porque tu jefe usó dos puntos en lugar de tres en un mensaje instantáneo.

Está gritando porque recordaste algo embarazoso de 2012.

Está gritando sobre posibles crisis geopolíticas sobre las que no tienes control alguno.

Grita sobre el pan tostado que se está quemando ligeramente en la cocina.

Este ruido crónico está diseñado para mantenerte alerta. Está teniendo un éxito salvaje en eso.

Pero no te mantiene a salvo. Solo te mantiene cansado.

Estás funcionando en alta alerta. Siempre.

Tu sistema nervioso está recibiendo constantemente entradas de alto volumen: ¡PELIGRO! ¡PELIGRO! ¡¡ARREGLA ESTO!!

Pero no hay nada que arreglar. No en este momento.

Gastamos el 80% de nuestros recursos mentales reaccionando a cosas que ya han sucedido o cosas que probablemente nunca sucederán.

Estamos combatiendo fantasmas con energía real.

Piénsalo. La energía requerida para simular un argumento completo con tu pareja, completo con tono, expresiones y contraargumentos. Sientes la tensión física, ¿verdad?

Estás quemando calorías por un evento que es 100% fabricado.

Esa es la carga del detector de humo defectuoso.

Creemos que este ruido es necesario. Esa es la engañosa verdad central.

Confundimos la ansiedad con la diligencia.

Pensamos: Si me preocupo lo suficiente, estaré preparado para cualquier cosa.

¿Es eso cierto?

¿Alguna vez tu preocupación realmente ha resuelto un problema complejo?

¿O surgió la solución cuando finalmente dejaste de preocuparte, tomaste una respiración profunda y pensaste con claridad?

La preocupación no es pensar. La preocupación es rumiación.

La preocupación es el bucle cíclico y no productivo que ofrece la ilusión de progreso.

Se siente como trabajo. Así que lo toleramos. Incluso lo respetamos.

Nos etiquetamos como "pensadores profundos" o "planificadores cautelosos."

¿Pero de qué tenemos precaución? ¿Qué estamos realmente planeando?

Principalmente estamos planeando para la catástrofe. Estamos ensayando el fracaso.

Y lo estamos haciendo de manera agotadora.

El ruido es improductivo.

Seamos directos al respecto. Cero de los bucles de ansiedad crónica que ejecutas diariamente realmente contribuyen a tu salud, tu riqueza o tus relaciones.

Restan activamente de los tres.

Te impiden ver soluciones simples. Nublan tu juicio. Te hacen irritable.

El comité que grita no proporciona información valiosa. Solo crea hormonas del estrés.

Y, sin embargo, lo protegemos. Lo alimentamos. Lo dejamos dominar nuestro espacio interior.

El costo de esta vigilancia no es solo psicológico.

Es intensamente físico.

Vivir en un estado de alerta alta crónica significa que tu cuerpo nunca entra en verdadero modo de descanso y digestión.

Tu digestión sufre. Tu sueño está fracturado. Tu sistema inmunológico está constantemente distraído por las amenazas fantasma.

Te sientes disperso. Te sientes nervioso. Te sientes permanentemente apresurado, incluso cuando no tienes a dónde ir.

¿Por qué?

Porque la alarma sigue sonando. ¡BEEP! ¡BEEP! ¡El futuro podría ser malo! ¡BEEP! ¡BEEP! ¡Recuerda esa cosa embarazosa que dijiste!

Tu cuerpo responde a este ruido como si un oso te estuviera persiguiendo.

El aumento de adrenalina es real. La tensión muscular es real.

Pero la fuente es fabricada. La amenaza está en la cámara de eco de tu propia mente.

Necesitamos dejar de confundir pensar con sufrir.

Puedes pensar con claridad sin que el volumen esté al máximo.

De hecho, solo puedes pensar con claridad cuando el volumen se baja.

Ahora mismo, estás tratando de navegar tu vida con una radio reproduciendo estática a niveles ensordecedores. Apenas puedes escuchar las instrucciones del GPS. Sigues tomando giros equivocados. Sigues chocando con obstáculos menores.

Luego te culpas a ti mismo por ser un mal conductor.

El problema no es el conductor. Es el entorno. Es el ruido.

Piense en la cantidad de pensamientos que pasan por tu mente en un día. Miles. Decenas de miles.

¿Cuántos de esos son constructivos?

¿Cuántos son solo repeticiones de viejos guiones? ¿Cuántos son ficción especulativa de desastres inminentes?

Si rastreas la utilidad real de tu charla mental, te horrorizarías.

La mayor parte es basura. La mayor parte es desecho. La mayor parte es la alarma de humo probando su batería cada seis minutos, solo para estar seguro.

Y aquí está el error crucial. El defecto central en el sistema operativo humano.

Personalizamos el ruido.

Cuando la alarma grita, nos fusionamos instantáneamente con el grito.

Surge el pensamiento: podría perder mi trabajo.

Y de inmediato, nos convertimos en la persona que está perdiendo su trabajo. Sentimos la vergüenza. Sentimos el pánico. Comenzamos a escribir el discurso de renuncia en nuestra cabeza.

El pensamiento es un evento. Pero lo tratamos como nuestra identidad.

Lo tratamos como la realidad absoluta.

Esta es la clave para escapar del error de $9,000.

Debes reconocer que el ruido no eres tú.

Es simplemente un acontecimiento en ti.

Es un producto de tu hardware evolutivo ejecutando software obsoleto. Es un comité de voces aterrorizadas, bien intencionadas, pero absolutamente destructivas.

Les hemos otorgado demasiado poder.

Imagina una calle de ciudad ocupada.

Los coches están tocando la bocina. Las personas están gritando. Las sirenas están aullando.

Tu mente es esa calle. Es caótica.

Pero tú, el yo central, estás en la acera, observando el caos.

No eres la sirena. No eres el coche que toca la bocina.

Eres el observador. Eres el oyente.

Pero durante años, has pisado directamente la calle, has agarrado la sirena más ruidosa y has gritado: "¡Esto soy yo!"

Esta confusión es la razón por la cual todas las formas tradicionales de "autoayuda" fracasan con la persona normal y ocupada.

Exigen silencio. Exigen borrado espiritual. Te dicen que vacíes la calle.

Eso es insostenible. La calle siempre estará ahí. La vida es ruidosa.

No vamos a intentar lograr un silencio perfecto.

Vamos a hacer algo mucho más práctico.

Vamos a aprender a operar la calle de la ciudad sin pisar frente al autobús.

Vamos a aprender a oír las sirenas sin fusionarnos con ellas.

Vamos a encontrar el control de volumen.

El ruido es agotador. El ruido es improductivo.

Es hora de aceptar el diagnóstico: Tienes un cerebro de alarma de humo que no funciona correctamente.

Y te está costando todo.

El primer paso hacia la paz es entender exactamente por qué ese ruido es tan persistente. Está profundamente programado.

Descubramos la trampa evolutiva que mantiene tu cerebro obsesionado con encontrar problemas, incluso cuando todo está tranquilo.

REVELADO: LA TRAMPA EVOLUTIVA QUE HACE QUE TU CEREBRO ESTÉ OBSESIONADO CON ENCONTRAR PROBLEMAS (Y EL 'DISPARADOR DE ABURRIMIENTO' QUE GARANTIZA ANSIEDAD)

Tu cerebro evolucionó en la jungla.

No evolucionó para relajarse.

Era una herramienta para la supervivencia.

Su directiva principal era simple: escanear amenazas.

Encontrar el problema. Solucionar el problema. Vivir un día más.

Este sistema funcionó perfectamente.

Sobrevivimos a los mamuts lanudos. Superamos a los leones. Nos convertimos en la cúspide de la cadena alimentaria. Pero el escáner nunca recibió el comunicado.

El entorno de amenazas cambió. Ahora vivimos en casas seguras. Tenemos suficiente comida. El verdadero peligro existencial ha desaparecido en gran medida.

Pero el cerebro es una máquina impulsada por procesos. Exige datos. Exige problemas. Funciona con anticipación.

No puede simplemente sentarse en silencio. No puede estar satisfecha con la neutralidad. Si no le das un desafío, creará uno.

Esta es la trampa evolutiva.

El sistema está calibrado para alta vigilancia. Cuando las amenazas verdaderas desaparecen, esa vigilancia se vuelve interna. Necesita un sujeto. Necesita un proyecto.

Se obsesiona con encontrar micro-problemas.

Diseca un correo electrónico incómodo de hace tres días. Problema identificado. Prevén ruina financiera dentro de diez años. Problema identificado. Revisa la peor conversación que hayas tenido. Problema identificado.

Está funcionando. Está desempeñando su función. Está resolviendo problemas que no existen.

El disparador del aburrimiento

Es aquí donde comienza la verdadera ansiedad moderna. Se activa por la falta de urgencia.

Cuando tu vida se asienta en una rutina predecible, tu cerebro percibe esto como un defecto. La previsibilidad se siente como vulnerabilidad.

Una mente calmada, para el cerebro primitivo, significa que estás bajando la guardia. Lanza la bengala de alarma. Comienza a gritar advertencias.

Este ruido fabricado es el disparador del aburrimiento.

El cerebro dice: No estamos lo suficientemente ocupados. No estamos anticipando suficiente peligro. ¡Acelera! ¡Encuentra la amenaza!

La sensación de ansiedad a menudo no es más que la energía de una poderosa máquina demandando insumos. Necesita algo para procesar.

Si le das silencio, entra en pánico. Ve el silencio no como paz, sino como un vacío sospechoso. Comienza a llenar ese vacío con escenarios de peores casos.

Es fundamentalmente una computadora para resolver problemas que funciona sin problemas externos. Se niega a apagarse.

Comienza a trabajar en el propio sistema operativo. Encuentra fallas en tu carácter. Encuentra fallas en tus relaciones. Genera crisis donde ninguna existía hace diez minutos.

No estás ansioso porque seas débil. Estás ansioso porque tu mecanismo de supervivencia es demasiado bueno. Ha sido sobre-desarrollado.

Y está profundamente, profundamente aburrido.

Está ejecutando una simulación de catástrofe solo para mantener las luces encendidas. Este es el ruido que debemos aprender a manejar. Esta es la verdad de la trampa evolutiva.

LA LÍNEA SECRETA: CÓMO TRANSITAR DE LA PLANIFICACIÓN PRODUCTIVA A LA RUMIACIÓN DESTRUCTIVA EN 17 SEGUNDOS

Necesitamos hablar sobre productivo versus destructivo.

Tu cerebro ama engañarte aquí. Esconde sus ciclos más obsesivos bajo la máscara amigable de "preparación" o "diligencia debida".

Empiezas a planificar. Estás siendo inteligente. Estás siendo responsable. Estás detallando el presupuesto, o enumerando los pasos para un proyecto complejo, o pensando en la charla inminente con tu jefe. Esto es bueno. Planificar es útil. Avanza las cosas.

Pero hay una trampa.

La línea secreta es invisible. Es delgada, como un hilo de pescar. Y cruzarla toma menos de 17 segundos.

Aquí está la diferencia, reducida a su núcleo absoluto:

La planificación productiva busca respuestas.

La rumiación destructiva busca certeza.

Piensa en una conversación difícil que necesitas tener. Digamos, con un familiar o un colega.

La planificación productiva significa que te sientas y enumeres los hechos. Escribes los tres puntos clave que deseas transmitir. Consideras el mejor resultado posible y el peor resultado. Decides cuál es tu límite.

Luego, crucialmente, te detienes. Tienes un plan. Tienes utilidad.

La rumia destructiva comienza cuando terminas esos pasos, pero en lugar de detenerte, tu cerebro presiona el botón de repetición.

Empiezas a inventar diálogos. Oyes su voz ponerse defensiva. Sientes el calor en tu pecho. Te desvías de centrarte en la siguiente acción que puedes tomar a enfocarte en todas las cosas que no puedes controlar.

Este es el cambio. Es el giro de 17 segundos de utilidad a obsesión.

La pregunta que haces en la planificación es: ¿Qué necesito hacer ahora?

La pregunta que haces en la rumia es: ¿Qué pasa si no puedo manejar lo que suceda después?

Ya no estás resolviendo un problema. Estás narrando un desastre.

Veamos un ejemplo común y diario: La gran presentación la próxima semana.

Planificación: Bloqueas dos horas el martes para crear la presentación. Practicas la introducción una vez. Revisas los datos. Verificas el horario. Hecho. Has maximizado tu influencia sobre el resultado.

Rumiar: Revisas la presentación cada diez minutos. Imaginas olvidarte de tus líneas. Te imaginas al director ejecutivo luciendo aburrido. Comienzas a investigar carreras alternativas en caso de que esta presentación salga terriblemente mal. Revisas cada fracaso en presentaciones pasadas que hayas experimentado.

¿Ves la distinción?

La fase de planificación es finita. Requiere esfuerzo, pero produce pasos concretos.

La fase de rumia es infinita. Requiere agotamiento, pero no produce nada más que ansiedad.

Estás ejecutando el mismo guion defectuoso una y otra vez, no porque necesites nuevos datos, sino porque intentas forzar un resultado emocional: una sensación de seguridad.

Deseas que tu mente bulliciosa te prometa que el futuro estará bien. Y como el futuro no puede hacer esa promesa, tu cerebro sigue repitiendo el guion, creyendo que si solo se preocupa lo suficiente, la certeza aparecerá.

Pero nunca lo hace.

La línea secreta se cruza en el momento en que el bucle de pensamientos comienza a repetirse sin agregar un solo nuevo paso accionable.

Es cuando pasas de escribir la presentación a realizar mentalmente el funeral de tu carrera. Ese cambio es instantáneo. Todos lo hacemos.

Nuestro trabajo, de aquí en adelante, es aprender a reconocer cuándo ya no estamos utilizando la herramienta para producir, sino para generar dolor. Cuando ves ese cambio—cuando la respuesta se vuelve repetitiva—la planificación ha terminado. Es hora de dejar la herramienta a un lado.

EL TRUCO ESTOICO QUE SEPARA INSTANTÁNEAMENTE TU IDENTIDAD DEL RUIDO (DEJA DE CREER QUE EL COMITÉ QUE GRITA ERES TÚ)

Esta es la distinción más importante que jamás harás.

Es el núcleo de toda cordura.

No eres la voz en tu cabeza.

Deja que eso se asiente por un momento.

El constante y furioso monólogo no eres tú. Es simplemente un suceso. Es algo que te sucede, o que ocurre a tu alrededor.

Es ruido.

El mayor error que cometen las personas normales y funcionales es creer que el comité que grita es su identidad. Nos fusionamos con los pensamientos. Nos fusionamos con el miedo. Nos convertimos en la narrativa.

No valgo nada.

Fallaré.

Estoy enojado.

Cuando usas el verbo "ser" en conexión con un juicio, instantáneamente pierdes la batalla. Rendiste tu soberanía.

Eres la conciencia que observa el ruido. Eres el espacio en el que ocurren los pensamientos.

Los estoicos dominaron esta separación hace siglos. Entendieron que la mente produce pensamientos de la misma manera que el sistema digestivo produce gas. Es un subproducto biológico de la máquina. A menudo es necesario, a veces útil, y frecuentemente desagradable.

Pero nunca eres tú.

El truco es simple. Utiliza la observación como un palanca psicológica.

Necesitas dar un paso atrás. Necesitas identificar la separación entre el "yo" y el pensamiento.

Cuando una ola de pánico te golpea, detienes la declaración interna: "Estoy entrando en pánico."

En su lugar, adoptas una declaración de observador neutral. Esto crea espacio inmediato y esencial.

Estoy notando la sensación de pánico.

Tengo el pensamiento de que voy a fallar.

Reconozco la sensación de defensiva que surge en mi pecho.

Este cambio lingüístico lo cambia todo. Reenmarca el evento de una característica definitoria a una experiencia interna pasajera.

Imagina que estás de pie en la acera. Un tren pasa a toda velocidad, ruidoso y agresivo. Oyes el ruido. Sientes la vibración. Reconoces el tren.

Pero no saltas a la vía. No decides de repente que tú eres el tren.

Tu monólogo interno—tu crítico interno, tu planificador paranoico, tu máquina de repetir—es ese tren. Está rugiendo a través de la estación de tu mente.

Tu identidad es la acera. Sólida. Inamovible. Observadora.

Esta es la clave. Eres el observador. Eres la conciencia que presencia el ruido.

Los pensamientos son eventos.

Pasen. Llegan. Se van.

No requieren respuesta.

No exigen acción.

No se requiere que creas en el tren solo porque es ruidoso.

Practica esta separación sin piedad. Cada vez que te atrapes definiéndote por un pensamiento negativo—"Soy improductivo"—de inmediato cambia de dirección.

Di en voz alta si es necesario.

"Ah, ahí está el pensamiento, diciéndome que soy improductivo."

Observa la diferencia. Has despojado instantáneamente al pensamiento de su autoridad. Lo has colocado fuera de los límites de tu yo central.

Esto no es iluminación espiritual. Esto es separación psicológica táctica. Es el truco que evita que el ruido se adueñe de la habitación.

El comité que grita no eres tú. Es solo tu sistema operativo ejecutando un software antiguo y frenético.

Tu trabajo es actualizar el software, no convertirte en el fallo. Tu identidad es tranquila. Tu valía es fija. Es la conciencia que permanece cuando el ruido ha disminuido.

Empieza a actuar como el observador silencioso y poderoso que realmente eres. Deja pasar el tren. Permanece en la acera.

POR QUÉ ESTÁS FUNCIONANDO EN VACÍO: EL COSTO FÍSICO, EMOCIONAL Y FINANCIERO DE LA ALERTA ALTA CRÓNICA

Te sientes vacío.

Agotado.

Como una batería de laptop atrapada permanentemente en tres por ciento.

No eres perezoso. No eres débil. Simplemente estás agotado por una guerra que no puedes ganar. Una guerra donde el enemigo está transmitiendo constantemente estática desde dentro del alambre.

¿Por qué estás funcionando en vacío?

Porque vives en alerta alta crónica. Tu cerebro está convencido de que el desastre es inminente, en cada momento. Esa alarmante alarma de humo disfuncional está gritando sobre cosas que sucedieron hace cinco años, o cosas que podrían suceder el próximo año, o cosas que ni siquiera son reales.

El cuerpo cree en la alarma.

Tu química interna está inundada con las hormonas de respuesta de emergencia: cortisol y adrenalina. No por treinta segundos, sino por treinta días. Por trescientos días. Tu sistema está constantemente acelerando, anticipando la colisión que nunca llega.

Esto tiene un costo físico. Un costo pesado, doloroso, implacable.

Tu sueño es superficial. Te despiertas cansado porque tu cerebro pasó la noche ensayando escenarios peores. Tus músculos están tensos. Llevas tensión en tu cuello y hombros como si llevaras dos pesos de concreto. Estás permanentemente preparado para el impacto.

La alerta alta destruye la digestión. Suprime tu sistema inmunológico. Te enfermas más fácilmente. Sientes esa fatiga creciente que ninguna cantidad de café puede tocar. Esto no es estrés. Esto es fatiga biológica resultante de un diálogo interno mal gestionado.

Tus pensamientos te están costando tu salud física.

El precio emocional es igualmente devastador.

Cuando estás luchando una guerra invisible dentro de tu cabeza, no hay ancho de banda para la paciencia. Para la amabilidad. Para la alegría.

Te vuelves frágil.

Te desquicias con las personas que más amas porque tu tanque de reserva está vacío. Cada conversación se siente como una invasión de tu limitado espacio mental. Comienzas a ver a tu pareja, tus hijos, o tus colegas como problemas adicionales que debes resolver o gestionar, en lugar de fuentes de conexión.

La alerta alta erosiona la intimidad. Destruye la confianza.

Si siempre estás esperando traiciones, desastres o fracasos, esa es la única realidad que podrás ver. Estás demasiado ocupado tratando de anticipar la ruptura de la relación para disfrutar realmente de la relación que está de pie.

Y sí, hay un costo financiero.

El ruido arruina el enfoque. La ansiedad crónica te convierte en un pensador estratégico terrible. Te obliga a tomar decisiones de corto plazo e impulsivas. Pierdes productividad en el trabajo porque gastas el 30% de tu energía en preocupaciones. Te pierdes las grandes oportunidades porque tu visión está nublada por pequeños miedos.

Compras soluciones rápidas. Las vacaciones caras que no puedes disfrutar. La terapia de compras que dura dos horas. Los suplementos que prometen energía que eres fisiológicamente incapaz de producir mientras la alarma sigue sonando.

Estás tratando inconscientemente de comprar tu salida del estado de alta alerta.

Necesitamos detenernos. Necesitamos mirar la deuda acumulada. La deuda de noches sin dormir. La deuda de relaciones tensas. La deuda de oportunidades perdidas.

Este es el verdadero costo de escuchar al comité que grita. Estás funcionando con el tanque vacío porque le has otorgado a la voz más ruidosa y destructiva en la sala un consumo de energía ilimitado.

Es hora de cortar el suministro de energía.

CHAPTER TWO

EL CÓDIGO DE DEFUSIÓN DE PENSAMIENTOS™: CÓMO ESCUCHAR LA VOZ SIN CREER LA MENTIRA

Está bien. El capítulo uno fue el diagnóstico.

Sabemos que tu cerebro es un caos.

Sabemos que es agotador.

Sabemos que te cuesta tiempo, dinero y sueño.

Ahora llegamos al trabajo real.

Este es el momento en que dejamos de analizar el ruido.

Empezamos a construir la jaula para ello.

Estamos introduciendo El Código de Defusión de Pensamientos™.

Si quieres la definición de libro de texto, este es un componente central de la Terapia de Aceptación y Compromiso (ACT). Pero no estamos haciendo terapia aquí. Estamos haciendo mantenimiento mental. Estamos realizando una cirugía en tu sistema operativo.

Esto no es meditación.

Esto es aikido mental.

Es una habilidad especializada desarrollada para personas normales y desordenadas.

El objetivo no es detener los pensamientos.

Eso es imposible.

Tratar de detener un pensamiento es como intentar detener el océano con un colador de té. Solo te cansas y te mojas.

El objetivo es sencillo: Deja de creer en los pensamientos.

Deja de tratar el ruido mental como si fuera una verdad evangelio.

La razón por la que estás agotado es porque estás fusionado.

FUSION.

Piensa en la fusión como identificación instantánea y total. Cuando aparece un pensamiento aterrador o crítico, no escuchas un pensamiento. Escuchas un hecho. Escuchas una regla. Escuchas una profecía de desgracia.

El pensamiento es: "Soy un impostor."

Sientes: "Soy un impostor."

El pensamiento dice: "No deberías haber dicho eso, arruinaste todo."

Te entra el pánico: "He arruinado todo."

En el momento en que llega el pensamiento, todo tu cuerpo y sistema nervioso reaccionan como si la emergencia fuera real. Te fusionas con el lenguaje. Te conviertes en la oración.

Estás tratando el mapa mental como el territorio real.

Esto sucede diecisiete mil veces al día. Lo hacemos porque somos criaturas basadas en el lenguaje. Nuestros cerebros utilizan palabras para sobrevivir. Aprendimos desde temprano que si las palabras dicen "¡Oso!" o "¡Fuego!", corres. No te detienes a decir: "Me doy cuenta de que estoy teniendo el pensamiento de que hay un oso presente."

Eso era útil cuando los osos eran comunes.

Es inútil cuando el "oso" es una conversación algo incómoda que tuviste hace tres semanas.

La fusión constante es lo que te mantiene en alta alerta. No puedes calmarte si cada oración que tu cerebro escupe se trata como evidencia legalmente vinculante de tu incapacidad.

Necesitamos la Defusión.

La Defusión es la creación de distancia psicológica.

Es el acto de dar un paso atrás lo suficiente para darse cuenta:

Oh. Eso fue solo una oración.

No fue una orden.

No fue una ley de la física.

Fue una proyección.

La Defusión es lingüística simple aplicada a tu vida interna. Estás cambiando la gramática de tu existencia. Estás cambiando tu relación con el lenguaje.

¿Cómo hacemos esto?

Comienza reconociendo la distinción entre el pensamiento en sí y el observador. El tú que está escuchando.

Los estoicos llamaban a esto el centro de control. Nosotros lo llamamos El Observador. Es la conciencia calmada y objetiva que se sienta detrás de tus ojos. Es el testigo constante.

Cuando estás fusionado, El Observador está dormido al volante. El comité que grita ha tomado el control del sistema de altavoces.

Nuestra tarea es despertar al Observador.

La herramienta más simple en el Código de Defusión™ es la Técnica "Me doy cuenta".

Prueba esto ahora mismo. Escoge un pensamiento intrusivo que aparece a menudo. Tal vez sea "No soy lo suficientemente bueno." Tal vez sea "Nunca voy a terminar esto."

No lo pelees. No discutas con él. No te digas que pienses en cosas positivas en su lugar. Eso solo te fusiona a una pelea diferente, igualmente agotadora.

En su lugar, envuelve el pensamiento en una frase que describa el proceso de pensar.

Si tu cerebro grita: "Voy a arruinar esta presentación," inmediatamente cambias tu lenguaje interno.

Di: "Me doy cuenta de que estoy teniendo el pensamiento de que voy a arruinar esta presentación."

O incluso más corto: "Estoy teniendo un pensamiento sobre arruinar."

Di en voz alta si puedes.

¿Qué pasó?

El pensamiento no desapareció. Ese no es el punto.

Pero su agarre se aflojó. Su autoridad desapareció.

Pasó de ser una orden directa—un hecho urgente— a ser un evento reconocido. Una pieza de lenguaje que simplemente flotó en la pantalla de tu conciencia.

Este es el poder de la distancia.

La fusión es: Pensamiento = Verdad.

La defusión es: Pensamiento = Lenguaje.

Suena simple. Pero es la diferencia entre el pánico constante y la acción estable. Cuando te difundes, te estás recordando, momento a momento, que no eres lo que tu mente dice que eres.

Otra técnica esencial en el Código es El Truco de la Voz Mental.

Tu cerebro es increíblemente serio. El crítico interno utiliza la profunda, seria y autoritaria voz de un narrador de documentales. Exige reverencia. Ordena creencia.

Despojamos esa autoridad con absurdidad.

La próxima vez que el crítico interno grite: "No vales nada y todos te odian," haz esto:

Escucha ese pensamiento con la voz de Elmo.

O tal vez con la voz de una ardilla muy ansiosa.

O imagínalo cantado dramáticamente en una voz de ópera.

Esto se siente estúpido, lo sé. Pero inténtalo.

¿Qué sucede? Te ríes. Tal vez solo un pequeño sonoro interno. Ese momento de risa es una defusión radical. Rompe instantáneamente la autoridad seria y pesada de la que depende el pensamiento.

El humor es un arma profunda contra el ruido. Al comité no le gusta ser ridiculizado. No puede mantener su poder cuando tratas sus pronunciamientos como si fueran una mala comedia de stand-up.

También debemos hablar de los Pensamientos Pegajosos.

Algunos pensamientos se sienten pesados. Se adhieren porque se conectan a inseguridades fundamentales, o prometen resolver un problema importante. Te engañan haciéndote creer que si solo rumiantes más, encontrarás la solución.

Te dicen: "¡Necesitas resolver esto ahora mismo!"

La fusión es luchar con el pensamiento hasta que estés exhausto.

La defusión es tratar el pensamiento como una llamada de ventas no solicitada.

Cuando llega un pensamiento pegajoso, puedes usar la técnica de Gracias.

Reconoce la presencia del pensamiento, pero rechaza su invitación a luchar.

"Gracias, Cerebro, aprecio la entrada. No ahora."

"Te veo, pensamiento de preocupación. Te agendaré para más tarde."

No peleas con el contenido. Interrumpes la invitación.

Crucialmente, entiende por qué la mayoría de la gente falla en esto. Creen que difundir un pensamiento negativo significa que están desestimando un problema real.

"¡Si no me preocupo por mis finanzas, ¡me quedaré en bancarrota!"

Esta es la mentira central del cerebro ansioso. Te ha convencido de que preocuparse es una preparación productiva.

No lo es.

La preocupación es agotadora. La planificación es energía dirigida.

La defusión te permite separar las dos.

Si difundes el pensamiento, "definitivamente me quedaré sin dinero y viviré en una caja," creas el espacio para hacer una pregunta mucho mejor:

"¿Cuál es un paso de acción productivo que puedo tomar ahora mismo respecto a mis finanzas?"

¿Ves la diferencia? La fusión te mantiene paralizado por el miedo. La defusión libera tu energía para actuar de acuerdo a tus valores, incluso mientras el pensamiento de miedo sigue presente.

Esta es la distinción clave del Código. No esperas a que el ruido se detenga para comenzar a vivir. Vives con el ruido.

Pensa en tus pensamientos como pasajeros en un autobús.

El autobús es tu vida. Tú eres el conductor.

La fusión es dejar que los pasajeros que gritan (El Crítico, El Planificador Paranoico) tomen el volante. Ellos deciden a dónde va el autobús. Y conducen terriblemente, a menudo hacia zanjas.

La desfusión es darse cuenta de que tú eres el conductor. Los pasajeros todavía están ahí. Siguen siendo ruidosos. Siguen gritando sugerencias, insultos y advertencias alarmantes. Pero su grito es solo ruido en la cabina.

Los oyes. Los reconoces.

Pero mantienes tus manos firmemente en el volante. Conduces el autobús hacia donde quieres que vaya. Hacia tus valores.

El objetivo final del Código de Desfusión del Pensamiento™ no es silenciar al comité. Es despojar al comité de su poder de decisión.

Se trata de reconocer que los pensamientos son simplemente lenguaje. Son descripciones. Son opiniones. Son el mejor, pero a menudo el peor, intento del cerebro de captar la realidad. No son la verdad.

No son quién eres.

Oyes la mentira. Reconoces la mentira. Miras la mentira directamente a la cara. Entonces mueves tus pies hacia lo que realmente importa.

Solo estamos cambiando tres pequeñas palabras en tu diccionario interno:

En lugar de "estoy enojado", dices, "estoy teniendo la sensación de enojo."

En lugar de "he fallado", dices, "estoy teniendo el pensamiento de que he fallado."

Parece pequeño. Pero este pequeño cambio lingüístico es lo que permite que El Observador se siente, se estire y recupere el asiento del conductor.

Practica este código constantemente. No solo cuando llegan los grandes pensamientos, sino también cuando llegan los pequeños.

"Necesito café inmediatamente."

"Me doy cuenta de que tengo un fuerte deseo de cafeína."

"Esa persona me miró raro."

"Me doy cuenta del pensamiento de que estoy siendo juzgado."

Construye este músculo de separación. Haz de la desfusión tu configuración predeterminada.

La voz sigue ahí. Pero ahora es solo estática de fondo. Es una radio distante que toca una canción que no te gusta. No tienes que escuchar la letra. No tienes que cambiar de estación. Solo vuelves tu atención a la carretera.

Decides quién conduce. No el ruido.

EL CAMPO DE FUERZA INVISIBLE: 3 MANERAS NO-MEDITATIVAS DE CREAR ESPACIO ENTRE TÚ Y TUS PENSAMIENTOS MÁS ATERRADORES

No necesitas sentarte en un cojín.

No necesitas cantar nada.

Cuando hablo de crear espacio, la gente piensa inmediatamente en la meditación. Piensan en silencio forzado. Piensan en ejercicios de mindfulness dolorosos donde el objetivo es vaciar la mente.

No. No estamos vaciando la mente.

Es como intentar detener al océano de tener olas. Es inútil.

Solo estamos construyendo un campo de fuerza invisible. Estamos aprendiendo a escuchar el pensamiento sin otorgarle automáticamente autoridad. Estamos creando una distancia sutil e inmediata entre tú y el evento psicológico que está ocurriendo dentro de ti.

Esto tiene menos que ver con espiritualidad y más con ingeniería cognitiva. Es la movida de mayor apalancamiento que puedes hacer contra la ansiedad.

Aquí hay tres maneras prácticas, no meditativas, de construir ese campo de fuerza, ahora mismo, en medio de un embotellamiento de tráfico o una reunión aburrida.

1. El Prefijo 'Me Doy Cuenta'

Esto es simple. Esto es poderoso. Esta es la primera parada para la desfusión.

Cuando aparece un pensamiento estresante, aterrador o autocrítico, tu cerebro se fusiona con él al instante.

El pensamiento: Voy a arruinar esto.

La fusión: Te conviertes en una persona que está arruinando. Sientes la vergüenza de inmediato.

Para crear el campo de fuerza, agregas un simple prefijo al pensamiento.

Declara, en silencio o en voz alta:

Estoy teniendo el pensamiento de que voy a arruinar esto.

Estoy teniendo el pensamiento de que todos me odian en secreto.

Me doy cuenta de la sensación física de miedo.

¿Ves la diferencia?

Cuando dices, "estoy teniendo el pensamiento," conviertes el pensamiento de una realidad activa en un objeto que estás observando. Ya no eres tú quien está fallando; es tu cerebro quien está generando un dato específico.

Te conviertes en la persona que observa al comité en lugar de estar obligado a presidir la reunión.

Esto toma menos de un segundo. No requiere ojos cerrados. Es pura distancia. Te desplaza del contenido del pensamiento al proceso de pensar.

No eres el pensamiento. Eres quien nota el pensamiento. Practica esto cuando las cosas están fáciles: en el momento en que pienses, olvidé la leche, añade de inmediato el prefijo: Me doy cuenta del pensamiento de que olvidé la leche. Construye el músculo cuando es fácil, para que sea fuerte cuando lleguen los verdaderos monstruos.

2. El Hack de la Estación de Radio Mental

Tu voz interna es implacable. Actúa como una estación de radio rota que solo reproduce estática, fatalismo y vergüenza retrospectiva.

Cuando un pensamiento profundamente aterrador—tal vez sobre un problema de salud futuro o un error relacional pasado—comienza a dominar, trátalo como contaminación acústica.

No necesitas luchar contra ello. No necesitas cambiar de canal. Solo necesitas ajustar el volumen.

Imagina que tus pensamientos se transmiten desde un altavoz justo al lado de tu oído. Eso es fusión. Eso es volumen alto.

Para crear espacio, simplemente decides mover el altavoz.

Llega un pensamiento aterrador. En lugar de involucrarte con el contenido (por ejemplo, contraargumentando, tratando de resolver la crisis hipotética), lo externalizas.

Visualiza el pensamiento fluyendo desde una vieja radio en la estantería alta de la habitación. La voz sigue hablando, pero ahora está distante. Es ligeramente borrosa.

Quizás imaginas el pensamiento en una pequeña pantalla de televisión en blanco y negro a 20 pies de distancia. Puedes ver el texto—la advertencia, la crítica—pero no está consumiendo todo tu campo de visión.

La clave aquí es la no-participación. No agarras la radio y la rompes. No tratas de gritar sobre la TV. Solo reconoces que está sonando de fondo mientras continúas haciendo lo que necesitas hacer (como conducir, trabajar o hacer café).

Esto te entrena en atención selectiva. El pensamiento está presente. Pero estás eligiendo asignar el 5% de tu poder de procesamiento al sonido, en lugar del 100%.

3. El Desinflador de Voz de Dibujos Animados

¿Qué le da poder a un pensamiento negativo?

La seriedad.

La ansiedad y la autocrítica prosperan en la gravedad. Exigen que los trates como advertencias de vida o muerte, incluso cuando se trata de cosas triviales.

Si puedes desinflar instantáneamente la seriedad del pensamiento, incapacitas su poder para comandar tu comportamiento.

Este es el hack más rápido y divertido para la desfusión, y funciona porque aprovecha la parte de tu cerebro que sabe cómo diferenciar la realidad de la absurdidad.

El cerebro grita: Estás completamente despreparado para esa presentación. Serás expuesto como un fraude.

En ese instante, escucha ese pensamiento expresado con la voz de alguien completamente ridículo.

Pruébalo con la voz de Elmo. Pruébalo en la voz de un buceador de profundidad bajo el agua. Pruébalo cantado como un cantante de ópera lamentando un cachorro perdido.

O, mi favorito personal: entrega la crítica con la fuerte y exagerada voz de un narrador de tráiler de película de 1940.

"En un mundo donde un hombre olvidó presionar 'enviar' en el correo electrónico... ¡su vida nunca volverá a ser la misma! Próximamente en un cine cerca de ti, ¡el fracaso definitivo!"

Cuando haces esto, no puedes permanecer fusionado con el pensamiento. La seriedad se colapsa instantáneamente en una risa.

La risa es la herramienta de desfusión cognitiva definitiva. Prueba a tu sistema nervioso que la amenaza no es, de hecho, una amenaza en absoluto. Es un drama psicológico que acabas de protagonizar con actores completamente inadecuados.

Estos tres métodos—el prefijo, la estación de radio y la voz de dibujos animados—son tu campo de fuerza invisible. No requieren silencio y no requieren respiraciones profundas. Son ediciones mentales que realizas a mitad de frase.

Empieza a usarlos hoy. Te sorprenderá la rapidez con la que el comité se calma cuando dejas de permitirles sentarse en la cabecera de la mesa.

SHOCKEANTE: LA MAYORÍA DE LOS PENSAMIENTOS INTRUSIVOS ESTÁN IMPULSADOS POR EMOCIONES MAL IDENTIFICADAS (LA VERIFICACIÓN DIAGNÓSTICA QUE LOS APAGA)

Creemos que nuestros pensamientos intrusivos son problemas que necesitamos resolver.

Los tratamos como amenazas altamente detalladas.

Analizamos el contenido. Argumentamos con la lógica. Intentamos probar que están equivocados.

Este es el error central.

La gran mayoría de los pensamientos intrusivos, repetitivos y perturbadores no están alimentados por la lógica. Están alimentados por emociones mal identificadas.

Son síntomas, no la enfermedad.

Considera la sensación de incomodidad generalizada y de bajo grado. Quizás sea un dolor en el pecho. Quizás sea un cosquilleo en tus manos. Quizás sea solo una inquietud persistente e irritante.

Somos terribles para identificar qué es realmente esta sensación.

¿Es frustración? ¿Es vergüenza? ¿Es una tristeza leve?

Si no le das a esa energía interna un nombre preciso y honesto, tu cerebro entra en pánico.

Tu cerebro es una máquina de contar historias. Odia la ambigüedad más que nada. Ve esa energía emocional incómoda sentada allí, sin nombre, y asume que debe haber una catástrofe que lo explique.

Genera una narrativa que coincida con la intensidad de la sensación.

Dice: "¿Por qué me siento así? Debo sentirme así porque arruiné mi relación. Debo sentirme así porque definitivamente voy a fracasar en los próximos cinco años."

Esa narrativa se convierte en el pensamiento intrusivo.

El pensamiento no es la causa raíz. El pensamiento es solo el torpe intento del cerebro de traducir una señal emocional cruda en una historia reconocible.

La incomodidad vino primero. La historia vino después.

La sorpresa aquí es que gastas toda tu energía combatiendo la historia, que es solo humo. Nunca enfrentas el fuego, que es la emoción sin nombre.

Entonces, ¿cómo lo apagas? Realizas un chequeo diagnóstico.

Debes dejar de preguntar: "¿Qué significa este pensamiento?"

Debes comenzar a preguntar: "¿Qué emoción está alimentando este ruido?"

La próxima vez que un horrible pensamiento—un ensayo de vergüenza, una predicción de desgracia, una ola de autocrítica—te inunde, haz una pausa.

No te involucras en el contenido.

Pregúntate estas cuatro preguntas precisas en su lugar:

1. Si elimino las palabras y la narrativa, ¿cuál es la sensación cruda? (¿Es ira? ¿Es tristeza? ¿Es decepción?)

2. ¿Dónde está esta emoción en mi cuerpo en este momento? (¿Es una sensación pesada en mi estómago? ¿Es tensión en mi mandíbula?)

3. ¿Qué tan vieja se siente esta emoción? (¿Se siente esta vergüenza

como un fracaso de adulto, o se siente como un niño de nueve años siendo regañado?)

4. ¿Es el pensamiento que tengo ahora realmente una advertencia sobre un evento futuro, o es solo una explicación que mi cerebro creó para la ansiedad que ya siento?

La mayoría de las veces, el pensamiento intrusivo es simplemente la explicación.

Cuando te das cuenta de que el miedo paralizante sobre tu carrera es en realidad una traducción del profundo agotamiento que sientes por trabajar sesenta horas a la semana, el pensamiento pierde su poder.

El cerebro pensó que el agotamiento significaba fracaso. El pensamiento dijo: "Renuncia ahora antes de que se den cuenta de que no eres capaz."

Pero la sensación era solo la necesidad profunda y corporal de descansar.

No necesitas resolver la narrativa de crisis. Necesitas nombrar la realidad emocional.

Una vez que nombras la verdadera emoción—agotamiento, duelo, simple aburrimiento—la energía que alimenta la historia intrusiva a menudo se disipa de inmediato. El cerebro dice: "Oh. Está bien. Solo es cansancio. No es el fin del mundo."

El Chequeo Diagnóstico te obliga a separar la sensación cruda de la interpretación intelectual.

Dejas de intentar luchar contra la narrativa en tu cabeza y comienzas a honrar la sensación en tu cuerpo.

Cuando te niegas a involucrarte en el humo y, en cambio, enfrentas el fuego, la alarma finalmente comienza a calmarse.

LA PARADOJA DE LA PAZ: POR QUÉ LA INACCIÓN ES LA ACCIÓN MÁS PODEROSA CUANDO EL CEREBRO EXIGE UNA SOLUCIÓN

Este es el giro psicológico más difícil que intentarás.

Tu cerebro es una máquina diseñada para la finalización.

Desprecia los ciclos abiertos.

Ve un pensamiento ansioso—

Un posible desastre.

Un insulto teórico.

Una futura vergüenza.

El cerebro lo marca de inmediato como un dato crítico.

Exige una reacción.

Exige una solución.

Exige una resolución final y perfecta para el problema hipotético que acaba de crear.

Ahí es donde siempre fallamos.

Estamos entrenados para que la acción sea igual a poder.

Se nos enseña que ignorar un problema es debilidad.

Esto es cierto en el mundo real.

Pero el mundo mental opera por reglas opuestas.

El pensamiento no es un problema real.

Solo es un aviso.

Es cebo.

Cuando te involucras en el pensamiento, validas su existencia.

Cuando intentas resolver la ansiedad, confirmas que el peligro es real.

Alimentas el ciclo.

La paradoja de la paz es esta: A veces, el único movimiento ganador es no jugar.

Cuando llega la charla mental—alta, urgente, insistiendo en que debes ensayar esa discusión o finalizar ese peor escenario—tu respuesta más poderosa es el silencio.

Es quietud.

Es rechazo.

Llamamos a esto inacción estratégica.

Se siente horrible al principio.

Se siente como negligencia.

Se siente como dejar la alarma sonando.

Tu solucionador interno grita: "¡Pero debemos hacer algo!"

La acción que necesitas tomar es la elección radical de no hacer nada en absoluto con el pensamiento en sí.

Reconoces el pensamiento.

"Ahí está la preocupación por el dinero."

"Ahí está el recuerdo de esa cosa estúpida que dije."

Lo observas. Lo nombras.

Entonces te detienes.

No lo analizas.

No lo persigues por el oscuro callejón de "¿Y si?"

No intentas debatir con la voz.

Debatir es involucrarse. Involucrarse es combustible.

Cuando te niegas a picar el anzuelo, el pensamiento no tiene adónde ir.

Es un motor sin gasolina.

Un pensamiento no puede sostenerse sin tu participación activa.

Necesita que le des gravedad.

Necesita que escribas la siguiente oración en su historia.

Cuando el cerebro grita: "¡Necesito una solución ahora!" tú respondes respirando.

Respondes soltando la cuerda interna.

Respondes esperando.

Es difícil. Es antinatural.

Pero cada vez que eliges la inacción sobre el análisis, le enseñas a tu cerebro una lección profunda:

Este pensamiento no es obligatorio.

Este sentimiento es temporal.

Este hipotético no requiere mi energía.

La inacción mata el pensamiento.

La inacción disuelve el problema.

La inacción es la forma más alta de poder en la guerra contra el ruido mental.

Es el movimiento definitivo de desconexión cognitiva.

¿ESTÁS ATRAPADO EN EL TERRITORIO? CÓMO CREER EN TU MAPA MENTAL DESTRUYE LA PAZ EN 7 ÁREAS CLAVE DE TU VIDA

Tienes un mapa en tu cabeza.

Todos lo tienen.

Es tu representación mental del mundo. Incluye tus creencias sobre quién eres. Las historias que te cuentas sobre cómo funciona el mundo. Tus proyecciones sobre el mañana.

Este mapa mental es increíblemente útil. Te ayuda a decidir qué calle tomar. Te ayuda a recordar que el fuego quema.

¿Pero qué pasa cuando confundes el mapa con el territorio real?

Desastre.

No intentarías beber la imagen de agua en un menú. No intentarías comer un mapa de un sándwich. Esas cosas son representaciones. Son símbolos. No son lo real.

Aún así, pasamos el 80% de nuestras vidas despiertos intentando comer el mapa.

Esta es la fusión cognitiva.

Es el término técnico para detener la separación. Es cuando crees que la voz en tu cabeza te está diciendo la verdad literal, descarnada e inmediata.

Cuando estás fusionado, el pensamiento es el hecho. La historia es la realidad. El juicio se convierte en tu identidad.

Destruye la paz porque el mapa es inherentemente defectuoso. A menudo es viejo, desordenado y diseñado por el miedo. Cuando estás fusionado, no te das cuenta de que estás luchando contra dragones de papel. Piensas que estás luchando contra la realidad.

Aquí es cómo creer en el mapa en lugar de vivir en el territorio desmorona tu paz en áreas clave de tu vida.

1. Carrera y Confianza

El Mapa: "Soy un impostor. Van a descubrir que no pertenezco aquí."

Cuando te fusionas con este pensamiento, dejas de prepararte para la reunión. Comienzas a prepararte para la inevitable exposición. Te retiras. Minimizas tu buen trabajo. Tomas decisiones basadas en anticipar el fracaso, lo que hace que el fracaso sea más probable. Estás reaccionando a una predicción mental, no a las demandas del trabajo real. La paz se destruye porque nunca te permites asentarte en tu competencia.

2. Relaciones e Intimidad

El Mapa: "Están molestos conmigo. Lo sé. Se están alejando."

No has comprobado los hechos. No has preguntado. Simplemente decidiste basándote en un ligero cambio de tono o un mensaje de texto retrasado. Debido a que estás fusionado con la ansiedad del mapa, comienzas a actuar de manera defensiva o fría. Castigas a la otra persona por un crimen que solo cometieron en tu cabeza. Creas conflicto basándote completamente en una suposición. El territorio—la relación real—nunca tuvo una oportunidad contra tu narrativa interna.

3. Autoestima e Identidad

El Mapa: “Soy permanentemente defectuoso. No soy digno de cosas buenas.”

La fusión convierte un juicio en una característica esencial de tu personalidad. No es algo que estás pensando. Es algo que eres. Esta creencia guía cada elección. Evitas promociones. Te conformas en las relaciones. Te niegas la alegría porque el mapa dicta que tu valía es cero. No intentas luchar contra el pensamiento. Intentas acomodar el defecto.

4. Parálisis Decisional

El Mapa: “Si elijo la Opción A, sucederá el peor resultado posible. Si elijo la Opción B, lo lamentaré para siempre.”

El cerebro fusionado convierte posibilidades futuras en recuerdos concretos de fracaso. Crea una certeza de fatalidad que no existe. No sientes que estás eligiendo entre dos opciones. Sientes que estás eligiendo entre dos desastres garantizados. Te quedas atascado. Te paralizas. La inacción se siente más segura que la certeza de una catástrofe mental.

5. Salud e Imagen Corporal

El Mapa: “Mi cuerpo está mal. Soy repugnante. Nunca podré cambiar.”

Esta es la trampa definitiva del autoinvestigación negativa. Cuando estás fusionado, las palabras son la verdad. No ves un cuerpo que necesita movimiento o nutrición. Ves un problema permanente. Esto apaga la motivación. ¿Para qué hacer ejercicio si la etiqueta es permanente? Dejas de tomar acción efectiva porque el mapa interno ya ha declarado la guerra terminada.

6. Recurrencia de la Vergüenza Pasada

El Mapa: “¿Recuerdas esa cosa que hiciste en 2018? Deberías sentir la vergüenza ardiente ahora mismo.”

El cerebro tiene la capacidad de hacer que un evento pasado se sienta instantáneamente presente. La fusión significa que dejas que lo haga. Permites que un incidente que ha terminado—pasado, concluido—colonice tu estado emocional presente. Estás atrapado viviendo en el paisaje emocional de ayer, ensayando líneas y argumentos que murieron hace años. No estás experimentando el territorio de este momento.

7. Pronóstico de Fatalidad (Ansiedad General)

El Mapa: "El peor escenario posible está a punto de suceder. Prepárate para el impacto."

Esta es la función central del mapa ansioso. Proyecta constantemente catástrofes. Cuando estás fusionado, comienzas a reaccionar a este pronóstico con la misma intensidad fisiológica que usarías para reaccionar a una amenaza física. Tu cortisol se eleva. Tu respiración se vuelve superficial. Estás emocionalmente exhausto, sin embargo, nada amenazante realmente está sucediendo. Estás viviendo el colapso futuro en este momento.

La defusión cognitiva, la habilidad central que estamos desarrollando, es aprender a ver ese mapa de papel por lo que es. No es el territorio.

Es solo una representación.

No es un mandato. No es un hecho. Solo es un pensamiento.

Cuando puedes escuchar el pensamiento, reconocer el mapa, pero eliges vivir en el territorio, el ruido pierde su poder instantáneamente.

CHAPTER THREE

ROMPER: ESCAPANDO DE LA CINTA DE CORRER DEL SOBREPENSADOR QUE DESPERDICIA 19 HORAS DE TU SEMANA

Estás exhausto.

Tienes que admitirlo.

No cansado del cuerpo. Pero el cerebro frito.

Este es el costo de la Cinta de Correr del Sobrepensador.

Es la mentira más sutil y destructiva que tu cerebro te dice. Te hace sentir productivo. Te hace sentir responsable. Te dice que al analizar el problema desde 17 ángulos diferentes, estás impidiendo de alguna manera un desastre.

No lo estás.

Estás girando en el mismo lugar.

Esta máquina, este bucle mental, es el más profundo desperdicio de energía humana que se pueda imaginar. Simula trabajo. Exige atención emocional plena. Ofrece cero resultados.

Es alto esfuerzo, cero progreso.

Estimamos 19 horas a la semana. Piensa en eso. Son diecinueve horas—un día laboral completo más tres noches adicionales—pasadas reproduciendo argumentos, pronosticando fatalidades, o planificando meticulosamente escenarios que tienen un 3% de probabilidad de ocurrir.

Diecinueve horas de tu vida finita. Quemadas.

Vamos a dejar de respetar el bucle.

Vamos a aprender a pulsar el botón de parada de emergencia.

El cambio fundamental necesario para este capítulo es reconocer que la rumiación no es procesamiento. Es reciclaje.

Cuando procesas algo—un trauma, una decisión, una relación—te mueves a través de ello. Obtienes claridad. Alcanzas una conclusión. Esa conclusión puede ser dolorosa, pero es una conclusión. Tiene impulso.

La rumiación es estancamiento.

Es ejecutar el mismo software obsoleto una y otra vez, esperando un mensaje de error diferente. Es el cerebro atascado en un argumento interno donde ambos lados eres tú, y ninguno de los lados tiene acceso a nueva información.

El ruido no es movimiento.

El ruido es parálisis vestida de actividad.

La razón por la que estos bucles se sienten tan convincentes es que tocan áreas centrales de amenaza percibida: reputación, seguridad, amor o competencia. El trabajo de nuestro cerebro es proteger estas cosas. Cuando identifica una amenaza, demanda un análisis inmediato y exhaustivo.

Pero la máquina está mal calibrada.

No sabe la diferencia entre un tigre cargando y un correo electrónico ligeramente grosero de un colega. Ambos activan el ciclo de análisis de alerta alta. Ambos te atrapan en la cinta de correr.

Debemos aprender la diferencia entre el Pensamiento Productivo y el Bucle.

El pensamiento productivo tiene utilidad. Resulta en una acción no pensada.

Ejemplo: Necesito resolver este déficit presupuestario.

Acción: Crearé una hoja de cálculo. Contactaré al departamento de contabilidad. Dedicare 30 minutos a generar soluciones.

Eso es movimiento. Eso es utilidad.

El Bucle no tiene utilidad. Resulta en más pensamientos.

Ejemplo: No puedo creer que pueda tener un déficit presupuestario. ¿Por qué siempre estoy luchando? ¿Qué pensarán de mí? Debería haber tomado ese otro trabajo hace cinco años. Esto va a arruinarlo todo. Me siento enfermo.

Esa es la cinta de correr. Nota el cambio. Se movió de un problema solucionable (el déficit) a un juicio cósmico (¿por qué siempre estoy luchando?). Se movió del presente a hace cinco años. Se movió de la acción a la pura previsión emocional.

Tu primer paso fuera de la cinta de correr es la honestidad radical.

Debes atrapar el momento exacto en que el interruptor se activa.

No estás planeando. Estás preocupándote.

No te estás preparando. Estás ensayando la vergüenza.

No estás calculando el riesgo. Estás fabricando miedo.

Este es el momento en que el poder de la Defusión (Capítulo 2) vuelve a entrar en juego, pero amplificado. No solo estamos observando el pensamiento; estamos interrumpiendo el patrón.

El problema es la naturaleza cíclica en sí misma. El patrón alimenta la emoción, y la emoción alimenta el patrón. Es energía auto-sostenible—un pequeño generador oscuro que funciona exclusivamente con tu estrés.

Rompeemos este generador imponiendo estructura donde el bucle exige caos.

¿Cómo interrumpes una espiral que se siente consumidora?

Usas la estructura. Usas el código.

La herramienta más potente contra la rumiación es la limitación programada.

Tu cerebro piensa que si deja de preocuparse ahora, el desastre ocurrirá inmediatamente. Cree que te está protegiendo al permanecer alerta. Necesitamos respetar ese instinto, pero domesticado.

Introduces el concepto de "Tiempo de Preocupación".

Esto puede sonar absurdamente simple, pero es una de las intervenciones psicológicas más efectivas disponibles para la preocupación crónica.

Designas una ventana específica de 15 minutos cada día. Digamos 4:45 PM.

Esa es tu Zona de Preocupación.

Cuando comienza un bucle—tengo que averiguar cómo pagar esa factura, necesito saber si están enojados conmigo, necesito saber si dije lo correcto el martes pasado—reconoces el pensamiento de inmediato.

Lo etiquetas: Rumiación. Bucle detectado.

Entonces, la rediriges suavemente, pero con firmeza: "Gracias por la información. Este tema está programado para las 4:45 PM de hoy."

No discutes con él. No intentas resolverlo. Solo lo pospones.

¿Por qué funciona esto?

Satisface la necesidad de reconocimiento del cerebro. Dice: "Sí, esto es importante, y lo abordaremos".

Pero rompe la demanda inmediata e incontrolada de atención. Recobras la autoridad sobre cuándo se procesa el pensamiento.

Cuando llegan las 4:45 PM, te sientas. Abres un cuaderno. Dedicas 15 minutos a escribir cada miedo, cada preocupación, cada previsión futura. Sin filtrar. Solo salida.

Entonces, en el momento en que los 15 minutos terminan, te detienes.

Cierres físicamente el cuaderno. Te levantas. Mueves tu cuerpo. No vuelves a esa lista hasta el siguiente tiempo programado.

A menudo, para las 4:45 PM, los pensamientos que parecían catastróficos a las 11:00 AM han perdido su potencia. El cerebro se da cuenta de que la crisis no se materializó solo porque diferiste la preocupación.

Enseñas a tu sistema que la postergación es segura.

Esto es puro y práctico estoicismo en acción: Estás controlando tu atención, que es lo único que realmente posees.

Pero, ¿qué pasa con las espirales profundas e inmediatas? ¿Los momentos en los que la preocupación es una experiencia corporal completa?

Necesitas una detención brusca.

Aquí es donde la Atención Vaga te falla. Decirle a una persona en espiral que "solo respire" a menudo es inútil. Necesitan tácticas concretas y no negociables que interrumpan la química, no solo la filosofía.

Estamos implementando el Cambio Rápido.

Cuando sientes el aumento emocional—el nudo en tu estómago, el calor en tu cara, los pensamientos acelerados—debes pivotar de inmediato del análisis a la entrada sensorial.

Tu cerebro está en el Territorio del Pasado o en el Territorio del Futuro. Lo estamos trayendo de regreso al mapa de Ahora Mismo.

El Cambio Rápido utiliza un proceso simple de tres pasos diseñado para cambiar tu atención de conceptos abstractos (vergüenza, dinero, fracaso) a la realidad concreta (luz, textura, temperatura).

Paso Uno: Encuentra Tres Colores.

Mira inmediatamente alrededor de la habitación. No de manera general. Específicamente. Nombra tres colores distintos que ves. El tono exacto de la pared. El azul específico del bolígrafo. El blanco sucio de la loseta del techo.

Díselos en voz alta si puedes, o susúrralos. Esto obliga a tu función cerebral superior a detener el bucle y activar el centro de procesamiento visual en una nueva tarea de bajo riesgo.

Paso Dos: Involucra Tres Texturas.

Toca algo. La tela de tu camisa. La madera suave del escritorio. La fría cerámica de la taza de café. Realmente siéntelo. Concéntrate en la sensación. ¿Es áspero? ¿Es fresco? ¿Es ligeramente pegajoso?

Esto te ancla en el mundo físico inmediato. Detiene la charla teórica. El cerebro no puede ejecutar eficientemente el bucle pasado-futuro mientras se concentra profundamente en la entrada sensorial.

Paso Tres: Nombra Una Acción.

Este es el componente más crítico. Obliga a la transición del análisis (la caminadora) a la utilidad (el despegue).

Pregúntate una pregunta estoica:

"¿Cuál es la única acción no pensante que puedo tomar en este segundo que me mueva hacia adelante un 1%?"

Debe ser tangible. Debe ser inmediata.

Si estás preocupándote por deudas, la acción podría ser: "Voy a abrir la aplicación del banco." No "Voy a resolver toda mi deuda." Solo el movimiento del 1%.

Si te estás hundiendo en una discusión de pareja, la acción podría ser: "Voy a escribir la única cosa que quiero comunicar, sin editar."

Si el bucle es sobre un error que cometiste hace cinco años, la acción es: "Voy a cerrar mis ojos y dejar que el recuerdo esté ahí, pero voy a flexionar y relajar conscientemente mis dedos del pie diez veces." (Un acto físico para anular el bucle mental.)

La belleza del Cambio Rápido es su simplicidad y su dependencia de los datos sensoriales. Es una anulación neurológica.

Es imposible estar completamente absorbido en la pánico abstracto del futuro mientras cuentas conscientemente los objetos azules en tu escritorio. No puedes hacer ambas cosas simultáneamente.

Eliges la realidad del presente.

La Caminadora del Sobrepensador prospera en la ilusión de urgencia. Exige que todo se solucione ahora mismo.

La contraestrategia es la lentitud intencional y una estructura específica.

En el momento en que reconoces el bucle, ganas poder.

No necesitas desterrar la voz. No necesitas lograr un estado perfecto y silencioso.

Solo necesitas interrumpir el flujo de energía.

El bucle requiere tu tiempo y tu creencia de que es importante. Cuando lo interrumpes, cuando lo etiquetas como mero reciclaje, retiras tu creencia.

Esa es la ruptura.

Es aceptar que el 90% de tu estrés actual se genera a ti mismo. No es requerido externamente. Es un hábito. Y los hábitos pueden romperse mediante una interferencia consistente y enfocada.

Baja de la caminadora. Tu vida real te está esperando justo al lado. Da el único paso hacia adelante. El mundo real es más tranquilo que tu cabeza. Confía en mí en eso.

LA 'FIRMA DE PREOCUPACIÓN': UN INVENTARIO SIMPLE PARA CATEGORIZAR TUS BUCLES MENTALES MÁS DESTRUCTIVOS (PRONOSTICANDO LA DESGRACIA VS. ENSAYANDO VERGÜENZA)

Necesitamos dejar de tratar la preocupación como una sola gran nube.

No lo es.

La preocupación es específica. Tiene patrones. Tiene un ritmo único para ti.

Piénsalo como un disco de vinilo que se repite. Sigues dejando la aguja en el mismo surco. El objetivo no es destruir el tocadiscos. Solo reconocer qué canción está sonando.

Este reconocimiento es crucial. Cuando puedes nombrar el bucle, obtienes distancia de él. Deja de ser tú. Se convierte en algo que estás haciendo.

Lo llamamos tu Firma de Preocupación.

Toma una lista de verificación mental. ¿Cuál de estos consume más espacio mental? Puedes ejecutar los tres, pero por lo general, uno es el tirano que domina tu paisaje mental.

Pronosticando la Desgracia: El Destructor Preemptivo

Esta es la ansiedad del futuro.

Es el bucle del "¿Y si ...?".

Grita sobre cosas que aún no han sucedido.

Tu cerebro asume que su trabajo es anticipar cada posible desastre. Cree que si te preocupas lo suficiente, de alguna manera puedes detener el accidente del tren antes de que ocurra.

Este bucle se caracteriza por la visualización de alto riesgo.

Ensayas mentalmente el fracaso de la presentación. Ejecutas el escenario donde la relación se colapsa. Imaginas el momento en que te quedas sin dinero, cinco años antes de que sea siquiera plausible.

Es un estado perpétuo de planificación para desastres que consume toda la energía disponible para la acción productiva hoy.

La firma de sentimiento: Temor, tensión en el estómago, una hiperalerta que se disfraza de preparación.

Pregúntate: ¿Estoy resolviendo activamente un problema, o estoy creando una tragedia que aún no puedo prevenir?

Ensayando Vergüenza: El Rebobinado implacable

Esta es la ansiedad del pasado.

Es el bucle del "Debería haber dicho...".

Esta firma te encierra en los archivos de errores anteriores, vergüenzas y fracasos percibidos.

No busca una percepción; busca un castigo.

El comité en tu cabeza te obliga a revivir el momento vergonzoso de la secundaria. O esa cosa estúpida que dijiste en la reunión la semana pasada. Pasas veinte minutos en la ducha formulando la disculpa perfecta a una persona que ya ha olvidado el incidente.

Este es el lugar donde intentas destruirte verbalmente por cosas que no pueden ser cambiadas. Sigues presionando el retroceso, esperando que esta vez la escena se desarrolle de manera diferente. Nunca lo hace.

Este bucle es destructivo porque ata tu identidad actual a un momento obsoleto. Te dice: "Eres la suma total de tu peor decisión."

La firma del sentimiento: Un profundo y pesado arrepentimiento, la necesidad de esconderte, una aguda autocrítica.

Pregúntate: ¿Estoy analizando este evento para una lección futura, o simplemente me estoy infligiendo dolor por algo que ya ha pasado?

Preparando Argumentos: El Abogado Defensor Interno

Esta es la ansiedad de la validación y el control relacional.

Este bucle se centra en probar tu valía, justificar tus acciones, o ganar un argumento que solo existe en tu cabeza.

Podrías pasar cuarenta minutos paseando al perro, detallando el contraargumento perfecto para un compañero de trabajo con el que aún no has hablado.

Preparas la evidencia. Practicas el tono de voz. Elaboras el correo electrónico que prueba tu inocencia, el que nunca enviarás.

Esta firma está impulsada por el miedo a ser visto como incorrecto, débil o malinterpretado. Buscas certeza a través del dominio verbal, incluso cuando la otra persona no está presente o no le importa.

Agota tu capacidad de estar presente porque siempre estás preparándote para la batalla. Estás luchando contra enemigos fantasma.

La firma del sentimiento: Agitación, pulso acelerado, resentimiento sutil y profunda distracción.

Pregúntate: ¿Esta energía mental conduce a la conexión, o está construyendo muros de justificación?

Mira estas tres categorías. ¿Cuál es la más ruidosa? ¿En qué bucle caes cuando estás cansado, aburrido o estresado? Esa es tu Firma de Preocupación dominante.

No estás roto si atraviesas los tres. Eres humano.

Pero entender tu firma es el momento en que comenzamos la interrupción. Dejar de dar el nombre general "preocupación" a hábitos altamente específicos e interrumpibles.

El momento en que te das cuenta, "Ah, no solo estoy preocupado, estoy participando nuevamente en un episodio agresivo de Repetición de Vergüenza", el poder cambia.

Ahora tienes un nombre para la bestia.

Y la bestia nombrada siempre es más fácil de desactivar.

EL IMPUESTO DE LA PREOCUPACIÓN: CALCULANDO LA ENERGÍA Y EL TIEMPO EXACTO QUE LA PREOCUPACIÓN TE COSTO (PISTA: NUNCA ES PRODUCTIVO)

Crees que preocuparse es productivo.

Lo llamas planificación mental.

Lo llamas previsión.

Crees que si te estresas lo suficiente, puedes resolver el futuro.

Este es el error operativo más grande que tu cerebro comete.

Es la mentira que te mantiene atrapado.

Preocuparse no es preparación.

Preocuparse es deuda.

Es el impuesto más caro y de alto interés que pagas todos los días.

Y lo pagas por un problema potencial que probablemente ni siquiera suceda.

Vamos a calcular el costo.

Primero, la deuda de energía.

Este es el impuesto físico.

Quemarás combustible real.

Estás funcionando a base de cortisol.

Tu sistema nervioso está constantemente en alerta roja.

¿Esa tensión en tu cuello? Ese es el impuesto de preocupación.

¿El constante revuelo en tu estómago? Impuesto.

¿Las noches en vela gastadas diseñando rutas de escape para escenarios que solo existen en tu mente? Impuesto.

Es un desperdicio metabólico.

Estás agotando tu cuerpo luchando contra un enemigo fantasma.

Tus reservas de energía se gastan antes de que enfrentes un verdadero desafío.

Comienzas el día agotado.

Comienzas la semana vacío.

Porque pagaste el Impuesto de Preocupación el domingo por la noche.

En segundo lugar, la deuda de tiempo.

Este es el costo definitivo, no reembolsable.

¿A dónde fue la última hora?

Pasaste veinte minutos ensayando una conversación difícil.

Pasaste quince minutos reviviendo un error de la secundaria.

Pasaste el resto del tiempo pronosticando tres posibles escenarios de desastre para la reunión de presupuesto del próximo mes.

Esa tiempo se ha ido.

Perdido irrevocablemente.

¿Produjo esos cuarenta minutos un solo elemento de acción ejecutable?

No.

¿Cambió el resultado del pasado?

No.

¿Hizo que el futuro fuera menos probable?

No.

Simplemente experimentaste el estrés del evento tres veces sin realmente resolver nada.

Eso es la definición de trabajo improductivo.

Preocuparse se siente como trabajar. Ocupa el cerebro. Exige un enfoque intenso. Genera ruido.

Pero es pura estática mental.

Ofrece cero ROI.

Cero retorno de inversión.

La planificación productiva identifica una variable, determina los dos mejores cursos de acción y establece una fecha para ejecutar. Eso es todo. Está hecho. Está guardado.

La rumia identifica una variable, explora 7,000 resultados imposibles, repite el miedo, genera estrés fisiológico y deja la variable sin resolver.

Debes dejar de confundir la sensación de actividad mental frenética con utilidad real.

Piensas: Debo estar preocupado, o no seré cuidadoso.

Incorrecto.

Puedes ser cuidadoso mientras te mantienes tranquilo.

Puedes estar preparado sin estar agotado.

De hecho, cuanto más tranquilo estés, mejor será tu preparación.

Preocuparse es solo ruido que embota tus bordes cognitivos.

Roba el enfoque agudo que necesitas para soluciones reales.

Te garantiza que estarás cansado cuando finalmente llegue el verdadero desafío.

La deuda es demasiado alta.

Deja de pagar el impuesto.

Deja de permitir que tu valioso tiempo y energía finita se gasten en problemas ficticios.

Estás llevando una economía de deuda en tu mente.

Es hora de declarar bancarrota mental sobre la preocupación.

Cómo Anclarte en 4 Segundos: Tácticas Prácticas y Seculares que Rechazan Consejos Vagos de 'Mindfulness'

TU CEREBRO ODIA EL MOMENTO PRESENTE.

Lo ve como un espacio vacío.

Un vacío que debe ser llenado con planificación futura o revisión del pasado.

Cuando esa alarma de humo defectuosa comienza a chirriar, lo último que necesitas es algún consejo suave sobre observar las nubes. Estamos rechazando esa superficialidad. Estamos rechazando el consejo lento, vago, "solo respira" que te hace sentir incompetente cuando no puedes lograr la paz interior mientras experimentas un ataque de pánico.

Necesitas una señal de alto táctica.

Un reinicio duro para tu sistema operativo interno.

Estas son trucos físicos seculares. Están diseñados para sacar tu mente de lo abstracto (preocupación, temor, ¿qué pasaría si?) y bloquearla en lo concreto (gravedad, textura, temperatura).

Aquí te mostramos cómo anclarte en 4 segundos.

El objetivo es la interrupción, no la meditación.

Táctica 1: La Descarga de Datos Sensoriales

El problema con un cerebro que sobrepiensa es que está resolviendo un problema abstracto. Está debatiendo situaciones imaginarias. La forma de detenerlo es darle una tarea física inmediata y obligatoria.

Tu crítico interno es un mentiroso brillante, pero es terrible en la entrada de datos.

En el momento en que sientes que la espiral comienza — la tensión, el pulso acelerado, la catastrofización del futuro — haces esto. Desvias tu enfoque hacia la recopilación de datos físicos obligatorios.

Encuentra cinco cosas que puedes ver, ahora mismo.

No pienses en ellas. No las juzgues. Solo nómbralas.

El polvo en la estantería. La costura de la manga de la camisa. El tono exacto de azul en la pantalla de tu laptop.

Encuentra cuatro cosas que puedes sentir.

Find four things you can feel.

El peso de tu reloj. La textura de tus jeans contra tu pierna. La ligera frialdad de la mesa bajo tu mano.

Encuentra tres cosas que puedes escuchar.

La sirena distante. El clic del teclado. El zumbido del refrigerador.

Encuentra dos cosas que puedes oler.

Encuentra una cosa que puedes degustar.

Haz esto rápidamente. No te detengas. Estás forzando la función ejecutiva de tu cerebro a trabajar en la realidad objetiva. La mente no puede calcular simultáneamente la catástrofe de 2027 y catalogar el olor del café rancio. Es un embotellamiento cognitivo rápido. Úsalo.

Táctica 2: El Reinicio por Shock Térmico

Tu sistema nervioso está diseñado para responder inmediatamente a cambios bruscos de temperatura. La ansiedad es un motor que acelera. La manera más rápida de desacelerarlo es señalando al cuerpo que hay una prioridad física más inmediata que el ruido interno.

Por eso las personas se salpican agua en la cara durante un ataque de pánico. Funciona.

No necesitas un balde de hielo. Necesitas un cambio rápido y agudo.

Mantén una botella de agua helada cerca. Cuando la espiral golpee, coloca la botella directamente contra tu pulso en la muñeca, o mantenla presionada sobre la piel suave de un lado de tu cuello.

El shock del frío es una entrada sensorial masiva. Obliga al sistema a redirigir energía. Evita el pensamiento abstracto y activa los sentidos físicos inmediatos.

También puedes llevar una pequeña piedra fría y suave o incluso una moneda fría en tu bolsillo. Apriétala cuando sientas el aumento. Esa frialdad aguda y tangible es tu ancla física. No resuelve el problema, pero te saca del teatro mental donde se está ensayando el problema.

Táctica 3: El Ancla del Pie

La ansiedad a menudo se siente como si te estuvieras flotando. Como si estuvieras desconectado de tu cuerpo y del mundo físico. Tu cerebro viaja más rápido que tus pies.

Necesitas reactivarte con la gravedad.

Cuando sientas que el ruido aumenta, empuja conscientemente tus pies contra el suelo.

Empuja hacia abajo. Con fuerza.

Imagina que estás intentando levantar un peso de mil libras utilizando solo la presión entre tus pies y el suelo. Siente la presión en tus plantas, tus pantorrillas, los músculos alrededor de tus caderas.

Concéntrate al cien por cien en la sensación de esa resistencia física.

Esto no es un estiramiento. Es un ejercicio de anclaje físico y forzado. Te bloquea literalmente en el territorio que ocupas. Le dice a tu cerebro: Estoy aquí. Estoy conectado con el suelo. La gravedad es real. La amenaza es abstracta.

La mente es un motor poderoso. Pero el cuerpo es un ancla poderosa. Usa estas herramientas no para una reflexión suave, sino para una interrupción táctica e inmediata.

Son la alarma contra incendios del código. Rápido. Simple. Efectivo. Y no requieren que creas en nada excepto en la neurología humana básica.

LAS 3 TÁCTICAS NO NEGOCIABLES QUE INTERRUMPEN INSTANTÁNEAMENTE UNA ESPIRAL DE PENSAMIENTO PROFUNDO

Cuando la espiral golpea, se siente como una situación de rehenes interna.

Tu cerebro se ha cerrado en un bucle catastrófico.

Está reproduciendo una película que has visto cien veces antes.

Se siente productivo.

Se siente necesario.

Está consumiendo absolutamente, al 100%, tu energía y no logra nada.

Necesitas una interrupción física de emergencia.

No puedes pensar para salir de una espiral de pensamiento.

Debes actuar para salir.

Estas tres tácticas son no negociables.

Las haces instantáneamente.

Las haces agresivamente.

Están diseñadas para evitar completamente el cerebro pensante.

TACTICA 1: EL SHOCK FISIOLÓGICO (La Caída de Temperatura)

Cuando estás profundamente en la espiral, tu cuerpo está en alta alerta.

Tu ritmo cardíaco está acelerado.

Tus hormonas del estrés están fluyendo.

Debes introducir una demanda fisiológica externa e inmediata que sobrepase el ruido interno.

Estamos shockeando el sistema de vuelta al presente.

La manera más rápida de hacer esto es a través de la temperatura.

Detén lo que estés haciendo.

Caminos inmediatamente hacia el lavabo.

Abre el grifo a la temperatura más fría posible.

Con la mano, forma un cuenco con el agua.

Sumérgete el rostro en el agua fría durante un conteo de tres segundos.

Si llevas maquillaje o no puedes mojarte la cara, toma un puñado de cubos de hielo.

Póngalos firmemente en la parte posterior de tu cuello o directamente sobre tus muñecas.

El intenso frío obliga a tu cerebro a registrar la realidad física.

Activa el reflejo de inmersión, que reduce instantáneamente tu ritmo cardíaco.

El proceso de sobrepensar se detiene porque al cerebro se le ha dado una nueva prioridad inmediata y clara: estoy frío.

Funciona cada vez.

TACTICA 2: EL GRITO COGNITIVO (El Método de Etiquetado)

La espiral mantiene su poder porque crees que el contenido es urgente y real.

Estás completamente fusionado con la idea.

El objetivo aquí es la desfusión instantánea.

Rompe la fusión identificando el proceso, no el contenido.

Tan pronto como notes el bucle, deja de involucrarte internamente con los pensamientos.

No intentes argumentar con ellos.

No intentes resolver el problema que están presentando.

En cambio, etiqueta el mecanismo interno en voz alta.

Di: "Estoy ejecutando el bucle de Rehashing That Embarrassing Meeting ahora mismo."

O: "Este es el modelo de pronóstico de preocupaciones 7 en simulación."

Incluso puedes agregar una etiqueta rápida: "Ah, ahí está el Crítico Interno tratando de asustarme de nuevo."

La clave es usar la etiqueta para externalizar el pensamiento.

Al nombrar el proceso, te separas de la voz.

Eres el observador que nota el ruido.

No eres el ruido en sí.

Este simple acto de identificación saca tu atención de la película mental y te lleva al rol de director.

Despoja al pensamiento de su autoridad.

TACTICA 3: EL ANCLA DE COMPORTAMIENTO (La Regla de los Cinco Minutos)

Sobrepensar es a menudo una forma altamente sofisticada de procrastinación.

Tienes miedo de la tarea o de la decisión, así que te escondes en la planificación y la preocupación.

La única salida es la acción inmediata, pequeña y productiva.

La acción debe ser medible.

Debe tener un inicio y un fin definidos.

Comprométete a solo cinco minutos de movimiento físico simple o completar una tarea.

No relacionada con la preocupación central.

Limpia tu escritorio.

Carga la lavadora.

Sal afuera y camina exactamente 100 pasos.

La regla es: Comienza la pequeña tarea, comprométete a cinco minutos y permite que la espiral de pensamiento continúe en segundo plano.

No estás luchando contra los pensamientos.

Solo te estás negando a darles el derecho exclusivo al tiempo de tu cuerpo.

El movimiento genera impulso.

Cuando pasen los cinco minutos, habrás roto la inercia.

La finalización de una pequeña tarea proporciona una micro dosis de confianza y capacidad.

Demuestra a tu sistema que no estás paralizado.

Esta victoria inmediata y pequeña generalmente deshincha la tensión catastrófica lo suficiente para que el resto del ruido se disipe de manera natural.

Usa estas tres herramientas de manera intercambiable.

Son tu botón de interrupción de emergencia.

Exigen acción.
Se niegan a participar.
Garantizan una pausa.

CHAPTER FOUR

LA ILUSIÓN DEL CONTROL: CÓMO INTENTAR MANEJAR LO INCONTROLABLE AGOTA EL 80% DE TU ENERGÍA DIARIA

Estás cansado.

Verdaderamente, profundamente, agotadoramente cansado.

Este tipo específico de agotamiento no es físico.

Es fatiga mental.

Es la sensación de una pesada manta que te abruma de vigilancia perpetua.

Te sientes como si estuvieras remando en un pequeño kayak de plástico.

Justo en medio de un huracán global.

Y agarras el remo con tanta fuerza.

Con los nudillos blancos.

Los ojos bien abiertos.

Listo para controlar todo.

La economía.

El estado de ánimo de tu pareja.

El mercado de valores.

El tráfico en la I-95.

La discusión del pasado que tuviste hace cinco años.

La línea de tiempo exacta de tu próxima enfermedad.

El destino político colectivo del mundo occidental.

Esta es la Ilusión del Control.

Es la creencia de que si piensas lo suficientemente fuerte.

Si simplemente te preocupas lo suficiente.

Si formula el plan de contingencia perfecto de 17 pasos para un evento que tiene un 2% de probabilidad de ocurrir.

Puedes controlar lo incontrolable.

Esta ilusión es el mayor desperdicio de energía en la experiencia humana moderna.

Es un agujero negro para tus reservas mentales.

Pasamos el 80% de nuestra energía diaria aquí.

Intentando mover montañas inamovibles.

¿Por qué hacemos esto?

Porque la incertidumbre se siente como peligro.

Para el cerebro antiguo, el control equivale a seguridad.

El hombre de las cavernas podía controlar su lanza. Su fuego. Su entorno inmediato.

El control estaba directamente correlacionado con la supervivencia.

Tu cerebro aún corre ese software antiguo.

Grita: ¡Encuentra el peligro! ¡Arregla el peligro! ¡Controla el resultado!

Pero tus peligros ahora son abstractos.

Son fuerzas del mercado. Son las opiniones de otras personas. Son la aleatoriedad impredecible de la vida.

Estas cosas no pueden ser arregladas preocupándose.

Sencillamente están fuera del perímetro de tu influencia.

Tu ansiedad no es una señal de advertencia de un peligro real la mayor parte del tiempo.

Es el sistema de alarma interno que se activa.

Porque el cerebro detecta demasiadas variables que no puede influenciar.

Intenta desesperadamente crear orden a través del pensamiento obsesivo.

Substituye la rumiación por verdadera agencia.

Te dice: "Si dejas de preocuparte, dejas de importar".

Esa es la mayor mentira que te dice la Ilusión del Control.

El ruido es el sonido de tus engranajes mentales haciendo fricción contra la realidad.

Es la resistencia fútil a lo que simplemente es.

Necesitas una revisión del perímetro.

Esta es la verdad cruda e inmediata que te libera.

Es una piedra fundamental de la paz psicológica.

Los antiguos estoicos lo descubrieron hace dos mil años.

Lo llamaron la Disciplina del Asentimiento, o simplemente, la Dicotomía del Control.

Dibuja un círculo.

Dentro del círculo está todo lo que realmente controlas.

Tu esfuerzo.

Tu integridad.

Tu respuesta a un evento.

Tus valores elegidos.

Tu decisión de empezar a nadar o quedarte paralizado.

Fuera del círculo está todo lo demás.

Los pensamientos de otras personas sobre ti.

El resultado de tu proyecto.

El clima.

El pasado.

Resultados futuros.

¿El ruido que estás escuchando ahora mismo?

Es el sonido de tu cerebro golpeando frenéticamente las paredes de ese perímetro.

Intentando expandir el círculo.

Intentando arrastrar lo incontrolable de regreso al interior.

Nunca funciona. Solo agota al carpintero.

Piénsalo en el esfuerzo que desperdicias.

Intentamos controlar el pasado.

Repetimos conversaciones en medio de la noche.

"Si tan solo hubiera dicho esa cosa ingeniosa."

"Si tan solo no hubiera aceptado esa reunión."

Esto es un viaje en el tiempo para masoquistas.

No cambia nada.

Te roba tu realidad presente.

Estás derramando energía en un balde sin fondo.

Intentamos controlar el futuro.

Nos preocupamos por cinco posibles escenarios que podrían desarrollarse en cinco años.

Planeamos la refutación perfecta a un argumento que aún no ha sucedido.

Pre-sufrimos.

Pre-sufrir es solo el costo de intentar controlar lo que aún no está disponible.

El futuro es un resultado.

Puedes influir en las entradas ahora mismo.

Pero no puedes controlar el resultado en sí.

El resultado pertenece fuera del círculo.

Y luego están las personas.

Esta es la Ilusión del Control en su forma más tóxica y agotadora.

Pasamos tanto tiempo gestionando a los demás.

Intentamos gestionar sus percepciones sobre nosotros.

Nos editamos cuidadosamente en tiempo real.

Intentamos gestionar sus estados de ánimo. Sus decisiones. Su apreciación de nuestro arduo trabajo.

Esta es una tarea inútil construida sobre arena.

Puedes inspirar. Puedes influenciar.

Puedes comunicar tu verdad claramente.

No puedes controlar su estado interno ni sus decisiones posteriores.

Cuando están infelices, ese es su sistema climático.

No es tu deber alejar sus nubes.

No eres el meteorólogo. Simplemente estás de pie cerca.

Deja de intentar cambiar el pronóstico para todos a tu alrededor.

Es agotador. Es intrusivo. Y destruirá tu paz cada vez.

El momento en que reconoces: Esto no es mío para dirigir.

Ese es el momento en que la cuerda se relaja.

El gran malentendido es que la paz equivale a rendirse.

Que aceptar es debilidad.

Que dejar ir significa que dejas de importar o dejas de intentar.

Es exactamente lo opuesto.

La aceptación radical es inteligencia estratégica.

Es una elección estratégica agresiva y que ahorra energía.

Significa que miras la tormenta incontrolable—la recesión, el cliente difícil, el miedo a la salud, la inevitable falibilidad humana—y decides:

No voy a desperdiciar mi combustible limitado luchando contra el viento.

Reconoceré la realidad de la tormenta.

Soltaré el ancla.

Y enfocaré cada onza de esfuerzo en lo que aún es mío.

Mi acción. Mi integridad. Mi siguiente paso.

Esta es la forma más rápida de recuperar la libertad mental.

Libera una energía monumental.

La energía que antes usabas para alimentar la ilusión de control.

Cuando la ansiedad golpea—esa sensación de responsabilidad abrumadora—detente.

Hazte la pregunta dura y clara:

¿Está esto realmente dentro de mi control?

La respuesta será casi siempre: No.

¿Mi jefe va a respetar mi límite? Tal vez. Yo controlo el establecimiento del límite.

¿Este proyecto va a tener éxito? Tal vez. Yo controlo la calidad de mi trabajo.

¿Mi pariente difícil finalmente cambiará su comportamiento? No. Yo controlo cómo respondo a su comportamiento.

El poder no está en el resultado.

Está únicamente en la entrada.

Cuando te niegas a intentar agarrar el timón del universo, dos cosas suceden de inmediato:

Primero, tu ancho de banda mental se expande.

De repente, recuperas energía.

Puedes aplicar ese 80% de drenaje en acciones constructivas dentro de tu círculo.

Puedes planificar tu trabajo en lugar de planificar tu preocupación.

Puedes estar presente en una conversación en lugar de ensayar los próximos cinco movimientos.

Segundo, el pánico se desinfla.

La presión de la responsabilidad—la idea de que si solo intentaras más duro, podrías evitar que sucedan cosas malas—se evapora.

Te das cuenta de que estabas cargando una carga que nunca fue tuya para llevar.

Esta es la diferencia entre luchar violentamente contra una corriente que te aplastará.

Y girar ligeramente para nadar con la corriente, enfocándote solo en mantenerte a flote.

Aún estás nadando. Aún estás actuando.

Pero la resistencia inútil ha desaparecido.

Dejas de intentar ganar la guerra contra la realidad.

Cuando practicas esto, tu cerebro gritará traición.

Interpretará esta aceptación como pereza.

Dirá: "¡Estás rindiéndote!"

Recuerda suavemente: "No. Finalmente estoy eligiendo enfocar mis esfuerzos donde importan."

La aceptación no es resignación pasiva.

Es la elección más eficiente disponible.

Es una elección de involucrarse con la realidad tal como es, no como desesperadamente desearías que fuera.

Esto detiene la lucha.

Y detener la lucha es cómo bajas el volumen del ruido perpetuo.

Es cómo tapas la mayor fuga en tu tanque de energía.

Deja caer la pesada carga.

No tienes que dirigir el océano.

Solo tienes que dirigir a ti mismo.

DESCUBIERTO: EL SISTEMA DE CLASIFICACIÓN SIMPLE QUE LIBERA EL 90% DE TU ESTRÉS INMEDIATAMENTE

Pasamos el 80% de nuestra energía mental cada día luchando contra la gravedad.

Estamos discutiendo con fuerzas que no se preocupan por nuestras opiniones. Estamos tratando de empujar contra la marea. Estamos intentando negociar con el pasado.

No tiene sentido. Es agotador. Es el mecanismo central de casi todo el estrés crónico.

Necesitamos una manera de detener esta lucha. No a través de una meditación interminable. No a través de pensar positivamente. Lo detenemos instalando un filtro limpio y lógico en nuestras mentes. Un sistema que identifica los objetivos que realmente podemos alcanzar.

Esto no es teoría. Esta es una herramienta quirúrgica.

Es un sistema de clasificación de dos partes. Cuando identifiques un punto de estrés—cualquier pensamiento que robe tu aliento, cualquier miedo que haga que tus manos suden—lo fuerzas a una de estas dos categorías.

Categoría 1: El Círculo de Influencia.

Categoría 2: El Océano de lo Incontrolable.

El objetivo es dejar de tratar el océano como si pudieras dirigirlo con tus propias manos.

Definámoslos sin piedad.

El Círculo de Influencia (Categoría 1) es pequeño. Contiene solo cuatro cosas:

1. Tu Esfuerzo Hoy.
2. Tu Actitud (Tu interpretación de los eventos).
3. Tu Preparación (Tu planificación y acciones).
4. Tu Respuesta (Cómo reaccionas a un resultado).

Eso es todo. Esa es toda tu jurisdicción.

El Océano de lo Incontrolable (Categoría 2) es vasto. Contiene todo lo demás.

Las opiniones de otras personas sobre ti.

La economía el próximo año.

El resultado de una entrevista de trabajo que ya terminaste.

El clima.

El tráfico.

La decisión que tomará tu jefe.

Todo lo que sucedió ayer.

Cuando sientas un aumento de ansiedad, tu único trabajo es realizar un chequeo diagnóstico.

Pregúntate: ¿Esta preocupación cae dentro de los cuatro elementos en el Círculo de Influencia?

Si la respuesta es sí, dejas de preocuparte y comienzas a moverte. Convierte el pensamiento en acción inmediata.

Si la respuesta es no—y será no el 90% del tiempo—debes practicar la liberación inmediata e incondicional.

Este es el truco del estrés. La liberación inmediata de preocupación sobre lo incontrolable es por lo que el sistema funciona tan rápido. No estás tratando de resolver el problema; estás decidiendo si el problema te pertenece o no.

Imagina que estás conduciendo y te quedas atrapado en un tráfico inesperado.

El Cerebro Mal Funcionando: Esto me va a hacer llegar tarde. Todos me van a juzgar. ¿Por qué no salí antes? Esto es injusto.

Esto es Fusión. Estás tratando de influir en el flujo de dos mil coches que se mueven a tu alrededor. Estás tratando de influir en el juicio interno de tu jefe. Estás fallando. Estás consumiendo energía.

El Cerebro Orientado a Códigos: Espera. ¿Está el tráfico en mi Círculo de Influencia? No. ¿Está mi reacción? Sí.

El ruido se detiene.

¿Qué cambia? Cambias tu enfoque. Te centras en lo único que puedes controlar: tu respuesta. Usas el tiempo extra para escuchar un podcast útil. Envías un mensaje de texto rápido y neutral. Ajustas tu respiración.

El problema del tráfico no desaparece, pero el estrés sobre el problema del tráfico—la capa secundaria de pánico, el intento frenético de dirigir lo incontrolable—desciende instantáneamente a cero.

Esa es el 90% del estrés liberado inmediatamente.

Confundimos la preocupación con el control. Pensamos que porque nos preocupa, debemos poseer el poder de alterar la situación. Este es un error psicológico trágico.

Puedes estar preocupado por la pérdida de trabajo de un amigo. Puedes amarlo. Puedes ofrecer ayuda. Pero no puedes obligarlo a enviar nuevas solicitudes. Su esfuerzo pertenece a su círculo. Tu apoyo pertenece al tuyo.

Si estás pasando cinco horas rumiando sobre algo que pertenece claramente al Océano de lo Incontrolable, estás drenando tu fuerza vital para absolutamente ningún retorno. Estás cometiendo un crimen de futilidad contra tu propio sistema nervioso.

La claridad es la herramienta de poder definitiva. Cuando tienes claridad sobre los límites de tu poder, dejas de atacar muros que se niegan a moverse y comienzas a construir puertas en los lugares donde realmente tienes jurisdicción.

El primer paso hacia la paz no es sentirse tranquilo. El primer paso hacia la paz es saber exactamente qué se te permite tocar.

Clasifica los pensamientos. Dibuja la línea. Libera el resto. Hazlo ahora.

LA TRAMPA DE LA FUTILIDAD: POR QUÉ DESEAR QUE LAS COSAS FUERAN DIFERENTES ES UN CAMINO GARANTIZADO HACIA EL SUFRIMIENTO Y EL AGOTAMIENTO

Conoces la sensación de verdadera y profunda agotamiento. No es fatiga física. Es la depleción del alma.

Esta agotamiento es causado por una cosa. Es el esfuerzo requerido para discutir con la realidad.

Odias la situación actual. Deseas que fuera diferente. Gastas energía mental tratando de deshacer el pasado. Intentas forzar un presente diferente. Este esfuerzo es lo que llamamos la trampa de la futilidad. Es un camino garantizado hacia el sufrimiento. Garantiza un agotamiento completo.

Deja de desear que la cosa no hubiera sucedido. Sucedió.

Deja de desear que el mercado no se hubiera desplomado. Se desplomó.

Deja de desear que la conversación hubiera ido de otra manera. Ya terminó.

El pasado es un evento permanente y fijo. Desear no cambia nada de los hechos. Solo encadena tu mente a lo que no puedes cambiar. Estás exigiendo un resultado diferente de un evento ya establecido. Esta es la definición de fricción mental. Estás luchando contra la estructura del tiempo mismo. Perderás esta batalla cada vez.

Luego está la trampa de otras personas.

Deseas desesperadamente que alguien se disculpe. Quieres que tu pareja entienda tu dolor. Quieres que tu jefe reconozca tu esfuerzo. Quieres que tu familia actúe con madurez.

Detente. No tienes ningún control aquí.

No puedes manejar los pensamientos de otras personas. No puedes forzar sus emociones. No puedes dictar sus acciones. Las personas son naciones soberanas. Operan según su propia lógica desordenada.

Gastas grandes cantidades de energía tratando de dirigirlas. Intentas manipular el entorno. Construyes escenarios elaborados en tu mente para justificar su cambio. Intentas razonar lo que no tiene razón. Este esfuerzo es el mayor desgaste de tu batería mental.

Intentar controlar el comportamiento de otra persona es siempre un acto de violencia contra ti mismo. Apegas tu paz a su imprevisibilidad. Esto garantiza ansiedad. Esto garantiza resentimiento.

La futilidad de este esfuerzo es absoluta.

No puedes hacer que alguien vea la verdad. No puedes forzar la comprensión. Solo puedes comunicar tu verdad. Luego debes soltar el resultado.

Cada hora que pasas deseando que tu amigo fuera más comprensivo es una hora desperdiciada. Cada momento que pasas exigiendo que tu pareja esté menos estresada es un momento de tensión autoimpuesta.

Acepta esta profunda limitación. Solo puedes controlar tu propia acción. Solo puedes controlar tu respuesta. Solo puedes manejar tu esfuerzo. Ese es el límite de tu esfera de poder.

Suelta el deseo de la disculpa perfecta. Suelta la demanda de una comprensión perfecta. Suelta la necesidad de que las cosas sean justas.

Cuando sueltas la cuerda en la pelea de tira y afloja contra la realidad, de repente eres libre. Esto no es rendición. Es conservación estratégica. Estás reclamando el 80% de energía que desperdicias en metas imposibles.

La realidad es pesada. No puedes levantarla. Deja de intentarlo. Reconoce lo que es verdad en este momento. Comienza desde allí. Esa es la única salida de la trampa.

ACEPTACIÓN RADICAL: POR QUÉ 'RENUNCIAR' ES EN REALIDAD LA ELECCIÓN ESTRATÉGICA MÁS AGRESIVA Y QUE AHORRA ENERGÍA QUE PUEDES HACER

TENEMOS QUE HABLAR SOBRE LA PALABRA "ACEPTACIÓN".

Es la palabra más sucia en el léxico de la autoayuda.

Suena débil. Suena pasiva. Suena como tirar la toalla, suspirar profundamente y simplemente rendirse a tus metas.

Te prometo, nada podría estar más lejos de la verdad.

Si eres una persona impulsada—y sé que lo eres, o no estarías leyendo esto—ves la resistencia como una virtud. Vez la lucha como necesaria. Crees que luchar contra lo indeseable es como tienes éxito.

Pero hay una categoría específica de lucha que no es heroica. Es estúpida. Es devastadoramente costosa.

Esa lucha es resistir la realidad.

La aceptación radical no es gustar de la situación. No es estar de acuerdo con la situación. Simplemente es declarar: "Esta cosa es verdad en este momento."

La diferencia entre una elección estratégica y una espiral de muerte psicológica se define enteramente por este único punto.

Piense en la pura y desperdiciada energía de desear. Desear que el mercado no se hubiera desplomado. Desear que esa persona horrible no se hubiera comportado de esa manera. Desear que el accidente no hubiera ocurrido hace cinco años.

Ese monólogo interno de "Si tan solo..." es un drenaje masivo y constante. Eres tú funcionando a 8,000 RPM mientras estás atascado en neutral. Estás quemando combustible. Estás generando calor. Estás creando ruido. Pero no te estás moviendo ni un centímetro.

El mercado se desplomó. Esa persona se comportó mal. El accidente ocurrió.

Discutir con estos hechos es discutir con la historia. La historia no se preocupa por tu argumento. El evento está completo.

Cuando practicas la aceptación radical, haces el movimiento más agresivo y que ahorra energía posible. Te niegas a desperdiciar un julio más de esfuerzo mental tratando de mentalmente deshacer lo que ya está hecho.

Esta es la redirección final de recursos.

Cuando te niegas a aceptar la realidad, estás constantemente aplicando presión contra una puerta cerrada. Esa presión requiere energía. Esa energía crea ansiedad y rumiación.

Cuando aceptas radicalmente la realidad—cuando te pones de pie, miras la puerta y dices: "Está bien, la puerta está cerrada y mi historia es lo que es"—inmediatamente liberas esa presión.

El resultado inmediato no es debilidad. El resultado inmediato es un aumento de energía disponible. Es un cambio táctico decisivo.

No estás renunciando a mejorar las cosas. Estás renunciando a la lucha contra el terreno.

Es la diferencia entre el general que discute con el mapa porque no le gustan las montañas, y el general que acepta instantáneamente las montañas y pivota su ejército alrededor de ellas.

El primer general se queda atascado y se muere de hambre. El segundo general gana la campaña.

La aceptación radical es el momento en que haces la transición de víctima impotente del pasado a arquitecto agresivo del futuro. Te obliga a hacer la única pregunta que importa: ¿Y ahora qué?

Elimina la fiesta de autocompasión de "¿Por qué yo?" que es tan cómoda, pero tan costosa.

A menudo confundimos aceptación con resignación. La resignación dice: "Supongo que solo viviré con este terrible sentimiento para siempre."

La aceptación dice: "Acepto que esta terrible situación es verdad en este momento, y porque acepto esa verdad, ya no estoy gastando energía en luchar contra ella. Toda esa energía ahora es libre para construir una vida mejor comenzando en los próximos cinco segundos."

Este es el estado mental más agresivo disponible para ti.

Significa negarse a ser un prisionero de las circunstancias. Significa declarar soberanía sobre tus recursos internos. Significa decir al ruido: "Te reconozco, pero no participaré en tu lucha inútil."

Es el truco de energía definitivo. Es la negativa a pagar el interés psicológico sobre deudas que ya han sido saldadas.

Deja de argumentar con los hechos de tu vida. Acepta la temperatura de la habitación. Acepta el mal comportamiento de los demás. Acepta la verdad de tu cuenta bancaria.

No te gusta. No lo apruebas. Simplemente reconoce su presencia.

En ese feroz y honesto reconocimiento, recuperas tu poder. Liberas instantáneamente el 80% de la energía mental que estabas desperdiciando en resistencia.

Así es como comienzas a construir. Así es como conservas tu fuerza para las cosas que verdaderamente importan. Eso no es rendición. Eso es una profunda superioridad estratégica.

LAS ÁREAS DE ALTO APROVECHAMIENTO: REDIRIGIENDO LA ENERGÍA DE CONTROL HACIA LA AUTO-MEJORA PRODUCTIVA (EL MARCO DE ROI 10X)

Acabas de crear un superávit de energía.

Soltaste tu agarre sobre el vasto y indiferente universo.

Ese pánico. Esa necesidad de prever cada tragedia. Esa demanda de resultados perfectos. Eso estaba ocupando el 80% de tu ancho de banda operativo. Esa energía ahora es libre.

Es un gran golpe de suerte.

El siguiente paso crítico es la inversión estratégica. No puedes simplemente dejar que esa energía se acumule y estancarse, o inmediatamente revertirá a ruido. Encontrará algo nuevo de qué preocuparse.

En cambio, la redirigimos. Canalizamos ese feroz deseo de control a las muy pocas áreas donde el control realmente existe.

Este es el Marco de ROI 10x. Queremos el máximo retorno de nuestra inversión mental. Dejamos de pulir las cosas externas oxidadas. Nos enfocamos solo en agudizar los mecanismos internos.

¿A dónde quiere ir el cerebro preocupado? Quiere arreglar la política global. Quiere cambiar la personalidad de tu jefe. Quiere revertir el tiempo.

¿A dónde debe ir la energía de alto apalancamiento?

Debe ir aquí.

El Área de Alto Apalancamiento 1: Tu Baseline Biológico.

El área de control más profunda y más pasada por alto es tu propio motor físico. Cuando el cerebro está ruidoso, el cuerpo suele estar gritando también.

Tu pensamiento crónico garantiza un mal sueño. Un mal sueño garantiza inestabilidad mental. Tu dependencia del café garantiza caídas de adrenalina.

No puedes pensar tu camino hacia la paz si tu cuerpo está funcionando con vapores de gasolina.

El ROI 10x en el control físico es instantáneo. Un mejor sueño es una disolución instantánea del pensamiento. Un movimiento constante es una descarga instantánea de ansiedad. El combustible adecuado estabiliza el azúcar en la sangre, lo que estabiliza el estado de ánimo.

Pregúntate: ¿Estoy utilizando mi energía de control para preocuparme por la macroeconomía, o la estoy dirigiendo para asegurarme de beber suficiente agua y acostarme a una hora predecible?

Enfoca tu impulso de control en la higiene del sueño. En la ingesta de nutrición. En los 20 minutos de esfuerzo físico diario que le debes a tu sistema de estrés.

Esto está 100% dentro de tu esfera de influencia. Aquí es donde el control rinde dividendos.

El Área de Alto Apalancamiento 2: La Pilas de Competencias Clave.

Una fuente masiva de preocupación está arraigada en la percepción de inadequación. ¿Tengo suficiente dinero? ¿Soy lo suficientemente bueno en mi trabajo? ¿Estaré bien si todo se desmorona?

No puedes controlar la economía. No puedes controlar la próxima recesión de tu industria.

Pero controlas absolutamente tu pila de habilidades clave.

Tu energía de control debe ser redirigida de prever el desastre a construir armadura. Preocuparse por la seguridad laboral es de bajo apalancamiento. Dedicar treinta minutos cada día a aprender una nueva habilidad comercializable es un 10x ROI.

Preocuparse por un posible desastre financiero es agotador. Construir un pequeño flujo de ingresos extra es empoderador.

Toma la energía que usabas para ensayar un fracaso futuro. Reinviértela en dominar la habilidad presente. Cuando te sientes competente, el ruido interno sobre la inadequación se reduce instantáneamente. La acción cura este tipo de miedo. La preocupación no lo hace.

El Área de Alto Apalancamiento 3: Normas y Límites Ambientales.

Desgastamos una energía tremenda tratando de manejar los sentimientos y reacciones de otras personas. Esto es cero apalancamiento. ¿Intentando controlar cómo te percibe tu suegra? ¿Intentando asegurar que tu compañero de trabajo entregue a tiempo? Futile.

Pero tienes control absoluto sobre tu entorno y los estándares que estableces dentro de él.

Rediriges la energía de controlar a los demás hacia controlar tus muros.

Esto significa dominar el "No" innegociable. Esto es una auto-protección agresiva. Decir "No" a una obligación social libera horas de energía que habrías gastado anticipando el conflicto.

Significa establecer muros de comunicación claros con personas difíciles. No puedes cambiar su reacción, pero puedes cambiar tu participación. Controlas la duración de la conversación. Controlas la información que compartes. Controlas el tiempo que permites para su caos.

En el momento en que rediriges esa energía de manejar sus expectativas a hacer cumplir tus propios límites, recuperas la paz.

Es un intercambio implacable y disciplinado.

Deja de intentar manejar el resultado de una reunión que ya terminaste.

Comienza a controlar agresivamente los insumos de tu vida: tu cuerpo, tus habilidades y tus muros.

Esto es lo que el estoicismo significa al moverse de la aceptación pasiva al esfuerzo activo. No solo estamos renunciando a la ilusión de control; estamos reubicando estratégicamente esa energía de control en la auto-mejora de alto rendimiento. La diferencia es medible. El retorno está garantizado.

CHAPTER FIVE

EL HACK DE CANCELACIÓN DE RUIDO: TÉCNICAS PRÁCTICAS PARA SILENCIAR REACCIONES EMOCIONALES SIN SUPRESIÓN TÓXICA

OATE SENTIR LAS COSAS PROFUNDAMENTE.

Seamos honestos.

No quieres paz porque amas la quietud. Quieres paz porque estás cansado del calor constante y abrasador de tus propias reacciones emocionales.

La ira se enciende.

El miedo te paraliza.

La vergüenza cae sin advertencia.

Y cada vez, piensas: Necesito detener esto. Necesito deshacerme de este sentimiento. Necesito reprimirlo para poder funcionar.

Esa es la mentira que garantiza el caos.

Esa es la trampa de supresión.

Confundimos el verdadero dominio emocional con la sordera emocional. Creemos que silenciar el ruido significa matar al mensajero. Creemos que la fuerza significa no sentir nada.

La supresión tóxica es el acto de pretender que un sentimiento no existe. Lo empujas profundo en tu sótano mental, cierras la puerta y luego gastas toda tu energía sentándote sobre la tapa, aterrorizado de que pueda abrirse de golpe.

Siempre se abre de golpe.

No desaparece. No se disuelve. Simplemente se transforma en algo más feo: fatiga crónica, explosiones aleatorias de agresión pasiva o ese nudo apretado e inamovible en tus hombros que ningún masaje puede aliviar.

El objetivo de la regulación emocional no es lograr el estado de un maestro zen que sonríe beatíficamente ante la tragedia. El objetivo es volverse permeable.

Queremos permitir que la ola pase a través de la orilla, en lugar de intentar construir un muro contra el océano.

Este capítulo es el manual para ese proceso. Es el Hack de Cancelación de Ruido. Te permite escuchar el sonido de la sirena sin fundirte con la frecuencia. Te permite sentir la verdad profunda, fea y necesaria de tu emoción actual sin dejar que dicte tu comportamiento, arruine tu semana o destruya tu relación.

Exige procesamiento, no ignorancia.

Comienza con un reconocimiento esencial.

El sentimiento no es el hecho.

El sentimiento es un mensaje interno. Es un punto de datos biológico. Pero en el momento de intensidad, nos fusionamos con el sentimiento. Creemos que el sentimiento es toda la realidad.

El sentimiento de pánico hace que todo el mundo se sienta peligroso.

El sentimiento de vergüenza nos hace creer que somos inherentemente inútiles.

Olvidamos que es solo un baño químico. Olvidamos que es energía.

Necesitas aprender a lidiar con la energía antes de que la mente pueda tejer la historia destructiva a su alrededor. Si intentas discutir con la historia mientras la energía aún está hirviendo, pierdes cada vez.

Debes manejar el calor primero.

El primer paso en la cancelación de ruido es localizar la señal.

Somos tan buenos hablando sobre nuestros sentimientos—hablando alrededor de ellos, discutiendo sobre ellos, intelectualizándolos—que olvidamos localizarlos realmente en el cuerpo.

La experiencia emocional es fundamentalmente somática. Ocurre en la carne. Ocurre en tus órganos.

Los pensamientos son solo la interpretación ruidosa y desordenada de esa sensación física.

Deja de preguntar: "¿Por qué estoy tan ansioso?"

Comienza a preguntar: "¿Dónde vive la ansiedad en este momento?"

Este es el pivote físico. Este es el anclaje radical que anula al comité gritando.

Cuando la ansiedad golpea, es ruidosa. Exige toda tu atención. Exige una historia. Exige acción. Necesita que levantes el teléfono y envíes un mensaje a la persona que te molestó. Necesita que catastrofices tu fondo de jubilación.

No le des el combustible narrativo.

Solo localízala.

El miedo vive como un zumbido en mis palmas. La vergüenza es un peso de plomo detrás de mi esternón. La frustración es fuego detrás de mis ojos.

Cuando lo identificas como un dato físico—como un hormigueo, una tensión, un calor—de inmediato le quitas su poder psicológico. Deja de ser una crisis existencial y empieza a ser un evento fisiológico.

Y los eventos fisiológicos pueden ser manejados. Pueden ser movidos.

Tu mente es una narradora brillante y aterradora. Pero tu cuerpo es simple. Tu cuerpo responde a la gravedad, la respiración y la temperatura.

Cuando localizas el sentimiento en el cuerpo, puedes aplicar física a ello. Te mueves del desordenado reino de la filosofía de vuelta al predecible reino de la biología.

Esta es la diferencia fundamental entre procesamiento y supresión.

La supresión dice: Ignora el pecho apretado.

El procesamiento dice: Reconoce el pecho apretado. Respira en ello. Siente la tensión, sabiendo que es temporal. Permite que la sensación sea exactamente lo que es.

Esto no es rendición pasiva. Esto es observación estratégica y objetiva.

Debes entender la química de la intensidad.

La Dra. Jill Bolte Taylor, la neuroanatomista, declaró famosamente que la vida química de una emoción pura y no adulterada—el subidón de adrenalina, la liberación de cortisol—dura solo noventa segundos.

Noventa segundos.

Esa es la ola. El pico y el colapso.

Si estás enojado durante una hora, o ansioso durante tres días, ya no estás experimentando la emoción original y pura. Estás experimentando el bucle.

Estás reviviendo el derrame químico inicial de 90 segundos, y luego tu cerebro está reiniciando instantáneamente el temporizador al alimentarte con combustible narrativo fresco.

De ahí proviene el ruido.

"Tienes razón en estar enojado", dice la voz interna. "¿Recuerdas cuán irrespetuosos fueron el pasado martes? ¿Y qué hay de esa vez hace tres años cuando tu antiguo jefe hizo el mismo truco? Este es un patrón. Debes luchar."

Y boom. Estás químicamente de vuelta en el minuto cero.

El truco de cancelación de ruido aquí es aprender a sobrevivir esos 90 segundos sin agregar la narrativa.

Cuando la sensación llega—el terror repentino y abrumador—necesitas implementar la micro-pausa.

Detén todo.

Solo por un momento.

No corras. No desplaces. No reacciones con rabia.

Di: "Estoy sintiendo X." Usa una palabra precisa si puedes: rabia, terror, tristeza intensa.

Luego, comprométete a observar la sensación sin movimiento durante 90 segundos.

Esto es increíblemente difícil. Cada terminación nerviosa gritará para que hagas algo. La ansiedad quiere que entres en pánico. La culpa quiere que confieses algo que no hiciste. Los celos quieren que revises su teléfono.

Tu trabajo es simplemente permanecer quieto y dejar que la tormenta química se desate dentro de su contenedor de 90 segundos.

Respiras. Localizas la sensación. Observas el calor, el temblor, la falta de aliento.

Cuando haces esto, estás efectivamente interfiriendo en la capacidad del cerebro de reiniciar el bucle. Estás separando la señal pura del ruido tóxico.

Estás diciendo, "Oigo el sufrimiento, pero estoy rechazando la narrativa que justifica el sufrimiento perpetuo."

Esta es la valentía emocional. La verdadera valentía no es negar el miedo. La verdadera valentía es sentir el miedo, darle los 90 segundos que merece y luego elegir tu próxima acción desde un lugar de enfriamiento biológico, no de urgencia química.

El truco de cancelación de ruido también implica técnicas físicas para la descarga. Nos adentraremos en los secretos somáticos más adelante, pero entiende esto ahora: Las emociones son energía cinética almacenada.

La rabia es energía de lucha reprimida.

El miedo es energía de huida reprimida.

Si sientes una emoción intensa y solo te sientas ahí tratando de meditarla, estás creando una olla de presión. La energía necesita una salida no destructiva.

Cuando sientes una frustración abrumadora—ese tipo que te hace doler los dientes—no necesitas hablar sobre tu trauma infantil. Necesitas mover físicamente la energía.

Necesitas interrumpir el patrón interno.

Necesitas alejarte del escritorio. Sacude tus manos vigorosamente durante treinta segundos. Haz diez exhalaciones profundas y fuertes. Corre hacia arriba y abajo de las escaleras dos veces.

Esto no es una distracción. Esto es un reinicio fisiológico.

Le estás diciendo a tu sistema nervioso: "Reconozco la respuesta de lucha que iniciaste, pero no la necesitamos en este momento. Estoy descargando conscientemente la adrenalina para que podamos volver a la seguridad."

Cuando manejas la energía física de la emoción, el ruido mental automáticamente disminuye. El comité empieza a susurrar en lugar de gritar.

Este enfoque—localizar, permitir la ola de 90 segundos y descargar—es exactamente lo opuesto a la supresión. La supresión es pasiva. Esto es un compromiso activo y consciente con tu caos interno.

Es cómo aprendemos a aquietar la reacción sin matar el sentimiento.

Porque, en última instancia, no queremos matar el sentimiento. Los sentimientos le dan color a la vida. Nos dicen cuándo se han cruzado límites. Nos dicen cuándo necesitamos un cambio.

Solo queremos evitar que nos conviertan en funcionalmente inútiles. Queremos detener la reacción antes de que se convierta en la realidad.

Queremos cancelación de ruido. Estamos bajando el volumen para que finalmente podamos escuchar la señal, en lugar de solo la estática.

LA MENTIRA DE "BIEN": PASAR DEL ESTRÉS GENÉRICO A LA IDENTIFICACIÓN EMOCIONAL PRECISA (EL TRUCO DE CLARIDAD QUE PERMITE LA GESTIÓN)

NECESITAMOS HABLAR SOBRE LA PALABRA 'F'.

No la divertida. La dañina.

Bien.

¿Cómo estás? Bien. ¿Cómo va el trabajo? Bien. ¿Cómo está tu creciente sensación de pavor existencial? Oh, estoy bien.

"Bien" es una rendición lingüística. Es el sonido de tu cerebro cerrando la puerta a una observación honesta. Es un mecanismo de defensa construido a partir del agotamiento.

¿Por qué recurrimos a ello?

Porque la precisión se siente peligrosa. Significa compromiso. Significa que tenemos que lidiar realmente con la cosa.

Lo mismo ocurre con la etiqueta ligeramente más sofisticada, pero igualmente inútil: Estresado.

Sientes estrés. Bien. Eso es como llamar a los problemas de tu coche "roto." No le dice nada al mecánico. ¿Es el motor? ¿El neumático pinchado? ¿El volumen de la radio?

Si andas diciendo, "Estoy estresado," tu cerebro escucha una alerta fuerte y confusa. Registra peligro global. Grita, pero no puede localizar el fuego.

Se convierte en ruido crónico y desenfocado.

El secreto de la gestión emocional es casi absurdamente simple. Es claridad.

La claridad es el truco definitivo.

La gestión de estados psicológicos complejos requiere precisión quirúrgica, no un antibiótico de amplio espectro. No puedes arreglar lo que no puedes definir. Solo puedes definir lo que puedes separar.

Piensa en tu estado emocional como un manojo de cables enredados. Si todos están atrancados y etiquetas el manojo ANSIEDAD, no puedes encontrar el cortocircuito. Solo tienes que gritarle a todo el desastre.

Lo que debemos hacer es convertirnos en meticulosos taxónomos emocionales. Tenemos que separar los cables.

La pregunta clave no es, "¿Cuánto estrés tengo?"

La pregunta útil y generadora de poder es: "¿Qué emoción específica está alimentando este ruido?"

Necesitamos cambiar el instrumento burdo de "estrés" por el afilado escalpelo de la verdad.

Casi nunca es solo "estrés."

A menudo, ese sentimiento que llamas estrés es en realidad resentimiento. Resentimiento de que dijiste que sí cuando en realidad querías decir que no. Resentimiento de que estás llevando la carga de otra persona.

A menudo, ese suave zumbido de ansiedad es vergüenza. Vergüenza por algo que hiciste la semana pasada. Vergüenza por algo que sientes que no puedes manejar.

A menudo, ese sentimiento de angustia es tristeza. Tristeza por una vida pasada, una oportunidad perdida o una relación que ahora es fundamentalmente diferente.

Nota el cambio fundamental en el poder.

Si te digo, "Me siento estresado," me das una bomba de baño de lavanda.

Si me digo a mí mismo, "Siento un profundo resentimiento porque acepté manejar este proyecto cuando ya estoy sobrecargado," sé exactamente qué herramienta usar. La solución no es la atención plena. La solución es establecer límites. La solución es una conversación difícil.

Si me digo a mí mismo, "Siento ansiedad," el ruido continúa.

Si me digo a mí mismo, "Siento miedo de no ser suficiente respecto a la presentación del próximo martes," el cerebro puede entonces activar la función de resolución de problemas: Preparar diapositivas. Ensayar. Buscar entrenamiento.

El sentimiento se reduce de una amenaza global a una tarea específica y abordable.

Este es el poder de la precisión. Por eso pasamos de "bien."

Cada vez que etiquetas con precisión una experiencia interna—Estoy frustrado. Estoy solo. Estoy envidioso. Estoy abrumado por la cantidad de correos electrónicos—creas inmediatamente espacio. Separas el yo del ruido.

Es como tomar un monstruo que era amorfo y de diez pies de altura, y reducirlo a una caja etiquetada y manejable en una estantería.

Una vez que es una caja, puedes decidir si abrirla, archivarla o tirarla.

Pero primero, tienes que leer la etiqueta.

Deja de ser cortés con tu dolor. Deja de generalizar tu sufrimiento. Sé específico. Sé brutalmente honesto. Esa honestidad es el requisito absoluto para la gestión.

Nómbralo con precisión. Manejalo de manera efectiva.

DISTINCIÓN CHOCANTE: CÓMO PROCESAR EL DOLOR PROFUNDO SIN CAER EN CICLOS DE VICTIMIZACIÓN O RUMIACIÓN

El dolor profundo no es el problema.

El problema es lo que hacemos con el dolor.

La mayoría de las personas confunden el ciclo interminable con un trabajo profundo. Piensan que si se sienten mal el tiempo suficiente, de alguna manera están resolviendo el problema.

No lo son. Solo están reproduciendo la memoria en repetición.

Necesitamos una distinción poderosa aquí.

Hay procesamiento.

Y hay castigarte a ti mismo con el pasado.

El procesamiento es limpio. Es agudo. Tiene un objetivo.

Cuando procesas el dolor, sientes el sentimiento. Permites que el duelo se mueva. Reconoces la rabia. Le das a la emoción sus 15 minutos de fama.

El objetivo del procesamiento es la integración. Es la descarga.

Se parece a llorar hasta quedarte vacío. Se parece a escribir la carta necesaria y luego romperla.

Se centra en la realidad presente de la pérdida. Te impulsa hacia un futuro donde esa pérdida está incorporada.

Se trata del sentimiento.

Siempre tiene un límite de tiempo.

La rumiación es lo opuesto.

La rumiación es pegajosa. Es crónica. Es perpetua.

El objetivo de la rumiación es volver a probar la injusticia. Es reciclar los hechos para encontrar un nuevo ángulo de sufrimiento.

Nunca resuelve nada. Solo mantiene la herida cruda.

Se trata de la historia.

La victimización lleva esto un paso más allá. Toma esa historia cruda y la fusiona con tu identidad.

Cuando el dolor es procesado, es un evento que te sucedió.

Cuando el dolor se convierte en victimización, se convierte en quien eres.

Soy una víctima de esta traición. Soy una persona que fue agraviada.

Esta fusión es catastrófica.

¿Por qué?

Porque si la identidad está envuelta en el dolor, debes mantener el dolor vivo para mantener la identidad.

Te vuelves incentivado a aferrarte al sufrimiento.

En el momento en que dejas ir el dolor, arriesgas perder la historia. Arriesgas perder a la audiencia comprensiva. Arriesgas perder la narrativa que te definía.

Por eso la victimización es la trampa definitiva. Convierte la sanación en autotraición.

La distinción clave es esta:

Procesamiento Saludable: Se centra en la emoción interna y la acción que puedes tomar ahora. Pregunta: "¿Qué necesito sentir?" y "¿Cuál es mi próximo movimiento?"

Ciclo No Saludable (Rumiación/Victimización): Se centra en detalles externos y las acciones que otros tomaron. Pregunta: "¿Por qué me pasó esto?" y "¿Cómo puedo probar que fui maltratado?"

Revisa tu salida.

Si estás rehashing los textos específicos, el tono específico de voz, la fecha específica de la discusión — eso es rumiación. Estás buscando justicia en los detalles, lo cual es imposible.

Si el relato de tu dolor requiere una reacción inmediata y específica del oyente — simpatía, indignación, validación — eso es victimización. Estás buscando pago emocional.

El procesamiento se siente agotador pero purificador.

El ciclo se siente agotador y extenuante.

Elige la purificación. Siente el dolor. Déjalo moverse. Descárgalo.

No dejes que el dolor se convierta en tu dirección permanente.

El dolor merece respeto. Merece ser sentido.

No merece ser el centro permanente de tu mundo.

Separa la herida de la identidad.

Ese es el lugar donde comienza la libertad.

EXPLICADO: EL SECRETO SOMÁTICO DE LA ANSIEDAD (3 FORMAS FÍSICAS SIMPLES PARA DESCARGAR LA TENSIÓN EMOCIONAL EN MENOS DE 60 SEGUNDOS)

Has pasado tanto tiempo tratando de pensar en cómo salir de la ansiedad.

Has intentado analizar el pensamiento.

Has intentado desafiar la creencia.

Has intentado ser lógico con el comité gritando.

Y falló porque perdiste el secreto crítico.

La ansiedad no está solo en tu mente. Es energía almacenada.

Es deuda física.

La ansiedad, en su núcleo, es una experiencia somática. Es el residuo fisiológico de una respuesta de lucha o huida que nunca se llevó a cabo. Tuviste la descarga de adrenalina. Tuviste el aumento de cortisol. Pero como no pudiste golpear a tu jefe ni huir del pago de la hipoteca, esa energía quedó atrapada.

¿Dónde va?

Tu mandíbula. Tu cuello. Tu diafragma. Tu parte baja de la espalda.

La tensión crónica que llevas es la forma en que el cuerpo mantiene esa energía explosiva reprimida. Estás gastando grandes cantidades de energía física para mantenerte unido.

Debemos dejar de tratar la ansiedad como un trastorno puramente mental. Es un estado de alerta de todo el cuerpo. Si quieres una calma verdadera y rápida, debes descargar el combustible físico.

Necesitamos botones de reinicio físico. No afirmaciones.

Aquí hay tres formas simples, sin costo, de descargar la tensión emocional atrapada en menos de sesenta segundos. Son crudas. Son rápidas. Funcionan.

1. El Sacudimiento Intencional (20 Segundos)

Piense en cómo los mamíferos manejan el trauma. Una gacela es perseguida por un león y escapa. ¿Qué hace inmediatamente después? No se sienta a procesar sus sentimientos. Tiemble violentamente. Sacude la adrenalina residual.

Nosotros, como humanos, reprimimos esta respuesta natural. Intentamos ser educados. Intentamos quedarnos quietos. Por eso mantenemos la tensión.

Esta técnica es simple: necesitas dejar que tu cuerpo vibre.

Ponte de pie, si puedes. Si no puedes, hazlo sentado. Sacude tus manos y brazos rápidamente, como si intentaras sacudir el agua de tus dedos. Mueve tus piernas. Deja caer la mandíbula y sacude ligeramente la cabeza de lado a lado.

Lucir ridículo. Siente la vibración moviéndose a través de tu núcleo. Esto no es movimiento consciente. Esta es una descarga somática intencional. Haz esto durante veinte segundos. Le dice a tu sistema nervioso: El peligro ha pasado. Estamos a salvo para sacudirlo.

Es un potente interruptor instantáneo para la respuesta de lucha.

2. El Zumbido del Nervio Vago (30 Segundos)

El nervio vago es la principal línea de comunicación entre tu cerebro y tus órganos principales. Es la ruta exprés para regular tu sistema nervioso parasimpático — tu sistema de descanso y digestión.

Cuando estimulas el nervio vago, envías una señal innegable de calma a todo tu cuerpo. Podemos hacer esto con sonido.

Toma una respiración lenta y profunda en tu abdomen. No en tu pecho. Profunda.

Ahora, al exhalar, emite un sonido de zumbido fuerte y sostenido. HMMMMMMMM.

Hazlo profundo y audible. Siente la vibración resonando en tu cavidad torácica, garganta y cráneo. La clave es la longitud y profundidad de la exhalación, y la resonancia del sonido.

Haz tres ciclos completos. Inhala lento. Exhala fuerte y largo con el zumbido.

Esta es una acción física y mecánica que obliga a tu frecuencia cardíaca a disminuir. Calma el sistema desde adentro hacia afuera. Toma treinta segundos, y es un ancla fisiológica confiable.

3. El Apriete-Suelta de 10 Segundos (15 Segundos)

Esta técnica utiliza el principio de contraste para reiniciar la tensión muscular.

Cuando estás en una espiral, tus músculos están subconscientemente flexionados, listos para la acción. Puede que ni siquiera te des cuenta de que tus hombros están cerca de tus oídos.

Vas a amplificar esa tensión intencionalmente y luego colapsarla a cero.

Siéntate o quédate de pie. Toma una profunda respiración.

Ahora, retén la respiración y tensa simultáneamente cada grupo muscular al que puedas acceder. Aprieta tus puños hasta que tus nudillos estén blancos. Flexiona tus brazos. Aprieta tu abdomen. Juntar las piernas. Tensa tu cara.

Mantén esa tensión máxima durante 10 segundos completos. Firme. Incómodo.

Luego, con un suspiro o gemido audible y fuerte, suelta instantáneamente cada músculo. Deja que tus brazos caigan flácidos. Deja que tu mandíbula se relaje.

El contraste inmediato entre la tensión máxima y la liberación total envía una señal física clara: La acción ha terminado. El sistema está desconectado.

No puedes mantener la ansiedad de manera efectiva en un cuerpo flácido y relajado. Este método fuerza un momento de entrega física total.

Estos tres métodos no se trata de cambiar tus pensamientos. Se trata de cambiar el estado de tu sistema nervioso central. Cuando el cuerpo se calma, el cerebro se silencia naturalmente.

Úsalos cuando el ruido se vuelva demasiado fuerte. Úsalos antes de que busques el teléfono. Úsalos antes de intentar discutir con el pensamiento.

Descarga la energía primero. Luego, observa el pensamiento. El ruido sonará profundamente menos amenazante una vez que se haya drenado el combustible físico.

EL SISTEMA DE MICRO-PAUSA: 5 DESCANSOS DE ALTO IMPACTO DE 90 SEGUNDOS QUE PREVIENEN LA SOBRECARGA EMOCIONAL DURANTE UN DÍA DE TRABAJO

La mayor mentira que nos decimos durante un día estresante es: "Puedo seguir adelante."

No puedes seguir adelante con la sobrecarga emocional.

No es un músculo que entrenes.

Es un sistema de energía que falla.

La mayoría de nosotros espera hasta la línea roja. Esperamos hasta que la laptop se cierre de golpe y nos escondemos bajo el escritorio. Eso es demasiado tarde. El daño ya está hecho.

El secreto para evitar un colapso emocional total durante un día de trabajo es la interrupción preventiva. Necesitas presionar el botón de reinicio antes de que el detector de humo se active por completo.

No necesitas una sesión de yoga de 30 minutos.

Necesitas 90 segundos.

Este es el Sistema de Micro-Pausa. Estos son pequeños cambios tácticos que puedes ejecutar en tu escritorio, en la cabina del baño o mientras esperas tu café. Te sacan de la espiral emocional y te aterrizan, rápidamente.

Aquí hay cinco descansos de alto impacto de 90 segundos.

1. El Control de Temperatura (90 Segundos)

Cuando el ruido comienza a girar, el objetivo es cambiar tu enfoque de la rumia interna a la sensación física externa.

Deja de mirar la pantalla.

Toma un vaso de agua fría o una taza de café. Nota la temperatura en tu mano. Realmente siéntelo.

Ponte de pie. Presiona tus pies contra el suelo. Nota la presión. ¿Cómo se siente la suela de tu zapato?

Mira alrededor de la habitación. Nombra cinco cosas que ves que no son digitales. Una pared. Un bolígrafo. Una planta.

Estás obligando al cerebro en alerta máxima a informar sobre el entorno inmediato y inofensivo. Esto te ancla en la realidad, no en la planificación de escenarios.

2. La Triage de Tres Pensamientos (60 Segundos)

Tu cerebro está gritando múltiples demandas en competencia. Tendemos a fusionarnos con todas ellas, creyendo que son igualmente urgentes e importantes.

Toma un rápido respiro. No cierres los ojos. Mira hacia abajo, a tus manos.

Pregúntate: ¿Cuáles son los tres pensamientos más fuertes en mi cabeza en este momento?

Anótalos mental o físicamente.

A: Necesito devolver la llamada al cliente. (Accionable)

B: Soy terrible en este trabajo. (Juicio)

C: Mi hermana no me ha respondido. (Preocupación Incontrolable)

Véalos. Etiquétalos por categoría: Acción, Juicio, Preocupación.

No trates de resolverlos. Simplemente reconoce su existencia. Esto actúa como una desactivación inmediata. Has visto los pensamientos. Ahora vuelve a ponerlos en la estantería.

3. La Descarga de Hombros (90 Segundos)

La ansiedad y la sobrecarga cognitiva viven físicamente en tu cuello, hombros y pecho. El cuerpo siempre está listo para correr. Tienes que descargar esa tensión latente.

Este es un reinicio físico.

Levanta tus hombros lo más alto que puedas, intentando tocar tus oídos. Aprieta con fuerza. Mantén durante diez conteos. Siente la tensión.

Luego, exhala con fuerza y déjalos caer. No suavemente. Déjalos caer. Déjalos caer.

Repite esto tres veces. Eleva, mantén, suelta con fuerza.

La liberación física de tensión envía una poderosa señal al sistema nervioso: La amenaza ha desaparecido. Estás lo suficientemente seguro como para relajar tu armadura.

4. El Inventario Incontrolado (45 Segundos)

Este es tu chequeo estoico instantáneo, directamente del Capítulo 4.

Te sientes abrumado porque te preocupa cosas que aún no son reales, o cosas que están completamente fuera de tu influencia.

En 45 segundos, revisa mentalmente tu punto de crisis inmediato.

¿Esto se trata de algo que hice hace cinco minutos? (Sí/No)

¿Esto se trata de algo que otra persona podría hacer en el futuro? (Sí/No)

¿Puedo literalmente, físicamente, ejecutar la solución a este problema en los próximos diez minutos? (Sí/No)

Si la respuesta es No a la última pregunta, o Sí a la segunda pregunta, debes archivarlo mentalmente bajo "No es Mi Palanca."

Libera la tensión. Reconoce la futilidad de aferrarte a ese hilo específico de control. No puedes dirigir las decisiones de otras personas en este momento. No puedes editar el correo electrónico de ayer.

5. El Ancla de Siguiente Acción (30 Segundos)

Lo peor que puedes hacer después de un reinicio es sumergirte de nuevo en el caos sin dirección. El agobio emocional a menudo proviene de una lista de tareas gigantesca y vaga que se cierne sobre ti.

Esta micro-pausa obliga a un enfoque granular.

Define tu Ancla.

No, "Necesito terminar el Informe de Peterson."

Eso es demasiado grande. Se siente pesado.

Define el siguiente paso más pequeño posible, único.

"Abre la carpeta de Peterson."

"Escribe la línea del asunto para el correo electrónico."

"Lee el primer párrafo de las instrucciones."

Anclate en esa pequeña acción alcanzable.

Cuando los 30 segundos hayan pasado, no te involucres con la lista. Simplemente ejecuta el Ancla. Esto utiliza el espacio mental fresco y tranquilo de manera productiva y evita que la espiral comience de nuevo.

Usa estas Micro-Pausas cinco veces al día. Úsalas de manera proactiva, como mantenimiento. Úsalas inmediatamente cuando sientas que el volumen del ruido aumenta. No esperes hasta que el detector de humo se convierta en un incendio en la casa. Detén el ciclo, 90 segundos a la vez.

CHAPTER SIX

CONOCE AL COMITÉ: UN INVENTARIO DE LAS VOCES QUE TE VUELVEN LOCO (Y CÓMO HACER QUE SE CALLEN)

Tu cerebro no es una biblioteca tranquila.

Es una sala de comité caótica.

Es la peor reunión de junta corporate a la que hayas asistido. Ruidosa. Desestructurada. Todos gritando sobre todos los demás. ¿Y la peor parte? Las personas con las opiniones más ruidosas y tontas suelen dirigir el espectáculo.

Te dirigen a ti.

Has pasado años escuchando a este comité interno como si sus pronunciamientos fueran escritura sagrada. Cada grito de pánico. Cada predicción de desastre. Cada análisis de tu profunda insuficiencia. Lo aceptaste como la verdad definitiva de quién eres.

Pero ellos no son tú. Son solo empleados. Empleados que se han vuelto severamente rebeldes.

Este capítulo es el inventario. Antes de que podamos despedirlos o, más amablemente, degradarlos, tenemos que conocerlos. Tenemos que identificar sus voces distintas, sus roles y sus motivaciones absolutamente terribles. Cuando puedes nombrar la voz, dejas de fusionarte con ella.

Creas distancia.

La distancia es poder.

Vamos a levantar el velo sobre este grupo disfuncional que vive sin pagar alquiler en tu cabeza.

EL CRÍTICO INTERNO: EL JUEZ

Este es el que conoces mejor. Es el miembro más ruidoso del comité. Es el que tiene el martillo y el ceño fruncido permanente.

El Crítico Interno opera con un principio fundamental: La perfección es la única base aceptable.

No le importa el esfuerzo. Solo le importa el resultado. Y si el resultado es menos que perfecto, tiene un resumen de 14 puntos de por qué eres inherentemente defectuoso.

Esta voz es profundamente cruel. Habla en absolutos: "Siempre arruinas esto." "Nunca terminas nada." "Los demás están manejando, ¿por qué tú no?"

Le otorgamos a esta voz autoridad porque parece saber de lo que está hablando. Utiliza evidencia específica de tu pasado. Señala fracasos. Se siente profundamente familiar.

Y esa familiaridad es la trampa.

Piénsalo en términos de tono. ¿Es constructivo? ¿Suena como un mentor amoroso? No. Suena como un fiscal. Utiliza la vergüenza como su herramienta motivacional principal.

La vergüenza no es un motivador. La vergüenza es un paralizador.

El Juez exige vigilancia constante y autopenalización. Si intentas relajarte, él señala todas las tareas que no has completado. Si logras algo, inmediatamente cambia al siguiente estándar más alto.

Su trabajo es mantenerte pequeño al mantenerte perpetuamente culpable.

La clave para lidiar con El Juez es darse cuenta de que sus intenciones están desactualizadas. Probablemente se formó cuando eras un niño, copiando la dura voz de una autoridad externa (padre, maestro, sociedad) en un intento de mantenerte a salvo de juicio externo.

Era un protector mal guiado. Ahora es solo un matón con tiempo de servicio.

EL PLANIFICADOR PARANOICO: EL PRONOSTICADOR

Esta es la voz de la pura ansiedad. A menudo intenta disfrazarse de productividad.

El Planificador Paranoico está obsesionado con el futuro, pero no con el futuro esperanzador y emocionante. Solo con el desastroso.

Su trabajo es ejecutar escenarios de peor caso: todos ellos, simultáneamente.

Si tienes una gran presentación la próxima semana, El Pronosticador no te ayuda a ensayar las diapositivas. Te obliga a visualizar olvidarte de los pantalones, tropezar con el cable y la humillación resultante que te llevaría a tu eventual desamparo.

Cree que al pre-sufrir, de alguna manera estás preparado.

Esta es la mentira suprema de la ansiedad.

Preocuparse no previene resultados malos. Solo te impide disfrutar del momento presente.

El Pronosticador es el miembro de comité más agotador porque nunca duerme. Te obliga a ensayar mentalmente argumentos que no han sucedido, anticipar enfermedades que no se han manifestado y estructurar las finanzas en torno a colapsos ficticios.

Te convence de que si dejas de preocuparte, te sorprenderán.

Pero aquí está la verdad sobre El Pronosticador: su análisis siempre se basa en la imaginación, no en datos. Sus predicciones rara vez son 100% precisas, sin embargo, las tratas como si fueran 100% evangelio.

¿Cómo lo identificas? Usa frases como "¿Qué pasaría si..." "Pero deberíamos considerar..." "Si esto falla, entonces..."

En el momento en que te encuentres gastando energía mental en un escenario que tiene menos del 5% de probabilidad de ocurrir en las próximas 24 horas, has encontrado al Pronosticador.

Necesita ser enviado a vacaciones permanentes y obligatorias.

EL EXIGENTE: EL DIRECTOR INTERNO

El Exigente es la voz de la optimización incesante y agresiva.

No es necesariamente cruel, pero es completamente incansable y carente de compasión. Convierte toda tu vida en una lista de verificación.

Es responsable de tu culpa por la productividad.

¿Acabas de terminar un proyecto exitoso? El Exigente ya está gritando: "Bien. ¿Y ahora qué sigue? Perdiste 15 minutos revisando tu teléfono. Podríamos haber estado optimizando."

Tiene miedo de la quietud. Odia los espacios vacíos en el horario. El descanso se ve como un defecto en el sistema. El ocio es un fracaso de la planificación.

Cuando intentas relajarte, el Exigente aparece con un persistente sentido de obligación. Te sientes inquieto. Sientes que deberías estar haciendo algo más.

Convierte cada actividad placentera en una actuación de alto riesgo. ¿Estás relajándote correctamente? ¿Estás completamente presente durante esta actividad de ocio?

Incluso tu práctica de mindfulness se convierte en una evaluación de desempeño bajo la mirada del Exigente.

El resultado de su dominio es el agotamiento crónico. Te sientes permanentemente atrasado, independientemente de cuánto logres. Confundes la actividad frenética con el verdadero progreso.

Reconoce al Exigente cuando sientes tensión física surgiendo en momentos de tranquilidad. Es el que susurra, "Estás perdiendo el tiempo."

Necesita un horario estricto y permanente que incluya descansos obligatorios y no negociables. Odia las reglas, pero responde a una estructura clara.

EL VERGONZANTE: EL ARCHIVISTA DE ERRORES

El Vergonzante vive en el pasado. Su oficina está llena de archivadores etiquetados "Arrepentimientos," "Vergüenzas," y "Oportunidades Perdidas."

Mientras el Crítico se centra en los defectos inherentes del carácter, El Vergonzante se preocupa por eventos históricos específicos. Es el maestro del recuerdo mental.

Le encanta la 1:00 AM. Ese es su horario estelar.

Él revive esa cosa incómoda que dijiste en la fiesta hace cinco años. Reproduce la pelea que tuviste con tu hermana en cámara lenta. Te hace sentir el ardor de la vergüenza una vez más, a pesar de que el evento ya pasó y se resolvió.

¿Por qué hace esto? Porque equipara recordar el dolor con aprender una lección.

Cree que si olvidas la gravedad del error, estás destinado a repetirlo. Así que mantiene la herida fresca.

El Vergonzante es la voz que dice, "No puedo creer que hiciste eso."

Te obliga a rumiar, a masticar el mismo alimento emocional una y otra vez hasta que estés herido. La rumiación es sufrir el mismo evento múltiples veces.

Necesita ser detenido porque roba dos cosas cruciales para la paz: aceptación y movimiento hacia adelante. No puedes avanzar si alguien te está arrastrando constantemente hacia atrás por tus viejos errores.

El poder del Archivista se basa en tu disposición para interactuar con los fantasmas que él convoca. Si te niegas a mirar sus archivos, ellos acumulen polvo.

LA SALA DE JUNTAS DISFUNCIONAL

El verdadero caos de tu cerebro ocurre cuando estos cuatro—El Juez, El Pronosticador, El Exigente, y El Vergonzante—empiezan a discutir todos a la vez.

El Juez dice que eres un fracaso.

El Pronosticador entra en pánico por la ruina financiera que ese fracaso causará el próximo mes.

El Vergonzante te recuerda el fracaso similar que tuviste en la universidad.

El Exigente exige que dejes de estar ahí sentado y empieces a hacer algo inútil ahora mismo para solucionar un problema inexistente.

Es agotador. Es abrumador. Es paralizante.

Pero mira lo que acabamos de hacer. Les dimos nombres. Describimos sus tácticas. Notamos que tienen personalidades distintas, predecibles y, francamente, ridículas.

Ninguna de esas descripciones suena como la persona calmada, racional y capaz que está leyendo este libro.

Este es el poder de la externalización.

Mientras digas, "Estoy ansioso," El Pronosticador ha ganado. Te has fusionado con su voz.

Pero cuando puedes decir, "El Planificador Paranoico está gritando sobre la ruina financiera otra vez," cambias.

Ya no eres el pánico. Eres el observador del pánico.

Esta separación es la clave fundamental para disminuir el volumen. Pueden gritar todo lo que quieran, pero en el momento en que dejas de creer que son el CEO de tu vida, pierden la autoridad ejecutiva.

Sus pensamientos se convierten en solo ruido.

Cuando se reúna el comité, tu único trabajo es reconocer quién está hablando y cuán completamente no calificado está para gestionar tu paz. No tratamos de silenciarlos todavía—eso es represión, y tiene efecto inverso.

Primero, los identificamos. Catalogamos sus ridículos guiones. Conocemos sus mentiras favoritas.

Entendemos que su trabajo es crear incomodidad, ya sea a través del miedo al futuro o de la vergüenza sobre el pasado, y demandar un esfuerzo constante y frenético.

Pero han operado en las sombras el tiempo suficiente. Ahora las luces están encendidas. Conocemos sus nombres.

Y una vez que conoces la identidad del monstruo, deja de ser tan aterrador. Solo se convierte en un tedioso y repetitivo dolor en el cuello.

Ahora estamos listos para reescribir los guiones. Estamos listos para dejar de darles el micrófono.

LA LISTA DE PERSONAS: IDENTIFICANDO Y NOMINANDO A TU DIRECTOR INTERNO, TU CRÍTICO ABRUMADOR, Y TU PLANIFICADOR PARANOICO

El ruido es agotador porque piensas que es una sola voz fuerte.

No lo es.

Es un comité.

Un comité desordenado, mal organizado y constantemente frenético. Todos quieren el micrófono al mismo tiempo.

Y todos suenan exactamente como tú.

Este es el truco. Esta es la fusión cognitiva. Debido a que el pensamiento suena como tu monólogo interno, supones que el pensamiento es tu identidad central, tu verdad, tu yo objetivo.

No lo es.

Tu voces internas son solo roles internos. Son guiones que aprendiste hace mucho tiempo. Son programas operativos desactualizados que funcionan en piloto automático.

Tú eres el CEO. Ellos son los gerentes.

Y vamos a nombrarlos ahora mismo. Nombrarlos es el primer paso para quitarles el poder. No puedes discutir con "ansiedad." Puedes discutir con un tipo llamado "Gary."

Cuando oigas un pensamiento destructivo, necesitas poder etiquetarlo instantáneamente. Este pensamiento pertenece al Planificador. Este pensamiento pertenece al Crítico.

Aquí están los tres miembros más comunes y ruidosos del comité.

El Crítico Abrumador

Esta es la voz que realmente no es amable.

Usa un lenguaje definitivo y condenatorio. Usa palabras como siempre y nunca.

"Siempre arruinas esto."

"Nunca terminas lo que empiezas."

"Eres fundamentalmente incapaz."

No solo critica tus acciones; ataca tu carácter.

¿Por qué hace esto? Porque, aunque está desorientado, el Crítico está tratando de protegerte. Aprendió hace mucho tiempo que si te humilla primero, si establece el estándar tan alto que nunca te atrevas a intentar, entonces no puedes fracasar públicamente. Piensa que la vergüenza es una herramienta motivacional. Cree que si eres lo suficientemente miserable, evitarás el dolor futuro.

Está equivocado. Está profundamente equivocado. Pero esa es su motivación torcida.

Necesitamos escuchar esa voz y decir, "Gracias por tu aporte, Crítico. Tu evaluación es registrada y rechazada."

El Planificador Paranoico

Esta voz vive 48 horas en el futuro. Siempre.

Constantemente está ejecutando simulaciones de catástrofes. Está obsesionado con los escenarios de "¿Qué pasaría si...?"

Estás planeando la cena, y El Planificador ya está calculando el déficit presupuestario del próximo trimestre fiscal. Estás disfrutando de una tranquila velada, y El Planificador está redactando tu carta de renuncia por si acaso toda la industria colapsa.

Esta voz es la evaluadora de riesgos definitiva. Su motivación es simple:

control preventivo. Si puede imaginar cada desastre, cree que puede evitarlo.

El Planificador crea un enorme inventario de problemas imaginarios que requieren acción inmediata, agobiando tus reservas de energía y evitando que seas efectivo en este momento.

El Planificador es la razón por la que te sientes cansado antes de comenzar el día. Porque El Planificador ya te ha hecho vivir la tragedia del martes.

Cuando surge esta voz, necesitas reconocer su firma: siempre se basa en la ficción, no en la realidad. Se construye sobre hipotéticos, no sobre el momento presente.

El Director Interno

El Director está preocupado por la apariencia.

Esta es la voz que se obsesiona con el guion social. Reproduce conversaciones del día de ayer, examinando cada matiz.

¿Usé el tono correcto?

¿Esa persona notó mi hesitación?

Debí haber dicho X en lugar de Y.

Ensaya la respuesta perfecta para la conversación imposible que podrías tener mañana.

El Director está convencido de que si te desvías del guion perfecto y pulido, serás expuesto. Es el guardián de tu imagen pública y es un tirano.

Su motivación es la aceptación social y el rendimiento percibido como impecable. Quiere que todos te gusten y te respeten, lo cual es un objetivo imposible y agotador.

El Director es la razón por la que sientes que actúas en tu propia vida.

Nombrando al Comité

Estos tres, o variaciones de ellos, son los que están incendiando tu casa mental.

Ahora has identificado sus roles específicos y sus motivaciones erróneas.

La clave para la difusión es la personalización. Dales nombres. Nombres tontos. Nombres distantes.

Quizás tu Crítico sea "Chad". Es un mal gestor que alcanzó su apogeo en la escuela secundaria.

Quizás tu Planificador sea "Patty", una contadora obsesiva que no puede manejar la incertidumbre.

Quizás tu Director sea "Doris", una estudiante de teatro que critica tu manera de respirar.

Cuando Chad intervenga y diga: "Vas a fallar", no absorbes eso como una verdad.

Simplemente escuchas: "Ah, Chad está hablando de nuevo."

Esto crea una distancia inmediata y no negociable. Te recuerda que la voz es un fenómeno: un guion que se desarrolla, no tu identidad.

Es solo un ruido. Un personaje en una obra que actualmente eliges no ver. Y tú eres quien tiene el control remoto.

Baja el volumen de Chad. Dile a Patty que revisarás el presupuesto más tarde. Dile a Doris que se relaje.

No tienes que involucrarte con el comité solo porque programaron una reunión en tu cabeza.

EL PROTECTOR MAL GUIADO: RASTREANDO LAS RAÍCES DEL DESARROLLO DE TU CRÍTICO INTERNO (CONSEJO: SOLO INTENTABA AYUDAR, PERO FALLÓ)

Gastamos tanta energía tratando de matar al Crítico Interno.

Luchamos contra él. Negociamos con él. Lo maldecimos.

Y solo grita más fuerte.

La verdad es que no puedes matarlo porque no es un monstruo.

Es un protector mal guiado.

Tiene las mejores y más aterradoras intenciones.

Para entenderlo, tienes que rastrear sus raíces hasta el momento en que eras más pequeño. Cuando eras más vulnerable.

Pensando en la infancia.

El mundo era vasto. Era confuso. Necesitabas conexión para sobrevivir. La aceptación era moneda. El rechazo era una amenaza física.

Aprendiste muy rápido que ciertos comportamientos llevaban al dolor. Quizás a la vergüenza. Quizás a la soledad.

Tu cerebro, la increíble máquina para resolver problemas de la que hablamos, comenzó a crear defensas preventivas.

Si anticipa la amenaza externa, quizás no duela tanto.

Si detecto mis propios errores primero, tal vez las personas importantes no me castiguen.

El Crítico nació en esta brecha. Era tu sistema de seguridad interno, construido para prevenir el dolor exterior administrando primero dolor interno.

Estaba diseñado para mantenerte en conformidad. Para mantenerte a salvo. Para mantenerte lo suficientemente pequeño y lo suficientemente callado como para seguir siendo un miembro de la tribu.

Funcionó.

Para ese niño pequeño, la crítica interna era verdaderamente una herramienta necesaria, aunque dolorosa, para navegar en un mundo impredecible. Era un escudo hecho de miedo. Ayudaba a esa versión de ti a sobrevivir.

Y luego se quedó atrapada.

Esta voz nunca actualizó su sistema operativo.

Sigue funcionando bajo la suposición de que tienes cinco años. Aún cree que un error menor en el trabajo conducirá a un rechazo social que amenace tu propia existencia. Mantiene ese nivel de emergencia.

Es un sistema de alarma antiguo, ruidoso e ineficaz.

Aún piensa que gritarte—llamarte estúpido, o perezoso, o un fracasado —de alguna manera te motivará o te protegerá de un destino peor.

No entiende que ahora, su volumen es lo único que te causa sufrimiento.

Es el guardia de seguridad que te derriba cuando intentas entrar por tu propia puerta principal.

Así que el primer acto de difusión no es hostilidad. Es un diagnóstico suave y compasivo.

Reconocemos el origen.

Vemos que el miedo está alimentando el motor. La voz no critica porque te odie; critica porque tiene miedo de que si dejas de estar en guardia por un segundo, sucederá algo terrible.

Esta distinción es enorme.

Cuando reconoces al Crítico como un protector-pobre, desactualizado y asustado, pierde su autoridad de adulto. Dejas de tratarlo como un juez supremo. Comienzas a tratarlo como un pariente bien intencionado que necesita retirarse.

No necesitas luchar contra el miedo en sí. Necesitas reconocerlo.

Mira el pensamiento que dice: "Vas a fallar en esta presentación."

Miras más profundo y preguntas: "¿Cuál es el miedo detrás de esto?"

La respuesta suele ser: "Tengo miedo a la vergüenza/rechazo/parecer incompetente."

Y entonces puedes recordarle suavemente al viejo protector: Eso fue una amenaza real alguna vez. Pero ahora soy un adulto. Tengo nuevas herramientas. Podemos manejar una mala presentación. No necesitamos entrar en pánico.

Estás reemplazando al viejo y agresivo mecanismo de defensa con la calma autoridad de tu yo adulto.

Estás quitando las llaves al cansado y sobreactuado guardia.

No necesitas gritar. Solo necesitas decir, con claridad y amabilidad: Gracias por intentar. Pero estás despedido. Yo me encargo de esto ahora.

EL DECODIFICADOR DEL GUION TÓXICO: RECONOCIENDO LAS FRASES FAVORITAS DEL CRÍTICO ('SIEMPRE ARRUINAS ESTO') PARA DEBILITAR INMEDIATAMENTE SU PODER NARRATIVO

El crítico interno no es un genio.

Es aburrido.

Usa los mismos cinco guiones tóxicos, una y otra vez, para cada fracaso, cada preocupación y cada momento de duda. No tiene material fresco. Simplemente ejecuta el mismo programa desgastado, cambiando solo los nombres y las fechas.

Esta predecibilidad es tu arma definitiva.

En el momento en que reconoces que el pensamiento que tienes no es una visión fresca y original, sino una narrativa cansada y reciclada—un guion—ganas distancia. Dejas de tratarlo como una verdad profunda. Lo tratas como lo que es: un diálogo automático y canned.

Cuando puedes nombrar el tipo de pensamiento, dejas de responder al contenido. Comienzas a responder al patrón. Ahí es donde el poder se drena inmediatamente.

Decodifiquemos los grandes éxitos del Crítico. Este es el Decodificador del Guion Tóxico.

Guion 1: La Mentira Absoluta (El Guion "Siempre/Nunca")

Al Crítico le encantan los absolutos. Solo trata con generalizaciones.

Las Frases:

"Siempre arruinas esto."

"Nunca vas a tener éxito."

"Nadie te escucha nunca."

"Esto te definirá permanentemente."

Lo que hace: Este guion niega cada éxito o excepción pasada. Su único propósito es inducir una desesperanza paralizante, haciendo que el problema actual parezca universal y terminal. El Crítico sabe que si sientes desesperanza, dejas de intentar.

Tu respuesta: Cuando escuchas las palabras "siempre" o "nunca", tu bandera roja interna debe ondear en alto. Son falsedades garantizadas. Etiquétalo: Ahí está el guion de la Mentira Absoluta.

Guion 2: El Ataque a la Identidad Central

Este guion es el más cruel porque cambia el enfoque de la acción al ser.

Las Frases:

"Estás fundamentalmente roto."

"Eres incambiable."

"Eres estúpido/débil/inútil."

"Esto prueba que no eres digno."

Lo que hace: Ataca tu identidad, haciendo que el problema se sienta interno e irreparable. Si cometes un error en una hoja de cálculo, el Crítico no dice: "Corrige la hoja de cálculo." Dice: "Eres un total idiota y no deberías ser confiado con números." Busca definir tu ser entero por un incidente aislado.

Tu respuesta: Reconoce esto como el intento de moverse de hacer a ser. Etiquétalo: Este es el Ataque a la Identidad Central. Rechazado.

Guion 3: La Catástrofe del Adivino

El cerebro ansioso insiste en que conoce el futuro, y ese futuro siempre es terrible.

Las Frases:

"Esto va a ser un desastre."

"Cuando se enteren, estarás arruinado."

"¿Qué pasa si sucede X, y luego sucede Y, y luego sucede Z, y pierdo todo?" (La reacción en cadena de la perdición.)

Lo que hace: El Crítico insiste en prever el peor resultado posible, a menudo utilizando un lenguaje vago y dramático. Intenta cargarlo de responsabilidad por eventos futuros imaginarios que están completamente fuera de su control. Esta es la definición de una rumia improductiva.

Tu respuesta: Si el pensamiento comienza con "¿Qué pasaría si..." y termina con "ruina total", es el guion del Adivino. Simplemente di: No tomo consejos de adivinos.

Guion 4: La Trampa de la Comparación

La comparación es el ladrón de la alegría, y a tu Crítico le encanta robar.

Las Frases:

"Todos los demás manejan esto mejor."

"Tu amigo/vecino/compañero de trabajo va 10 años por delante de ti."

"Estás muy rezagado."

Lo que hace: Este guion te obliga a una comparación falsa basada en información parcial y seleccionada. Compara tu honesta y desordenada realidad interna (tu miedo actual, tus fracasos, tus verdaderas luchas) con el video de destacados de otra persona o, peor aún, con una versión idealizada de ti mismo que no existe. Ignora completamente el contexto.

Tu respuesta: Etiquétalo: Ah, la Trampa de la Comparación. Solo estamos comparando quién soy yo con quien fui ayer.

El Cambio de Mensaje a Guion

La diferencia entre el sufrimiento y la paz a menudo se reduce a este único movimiento.

Cuando un pensamiento tóxico golpea, debes interceptar el impulso inicial de estar de acuerdo con el mensaje y, en cambio, identificar el guion.

Mira la diferencia:

Situación: Olvidas una fecha límite.

La Reacción Fusión (Sufrimiento): Soy tan incompetente. Siempre se me escapa algo. Voy a perder mi trabajo porque no puedo manejar tareas simples. Debería simplemente rendirme. (Crees en el mensaje.)

La Reacción Difusa (Código): Escucho el guion de la Mentira Absoluta diciéndome que siempre dejo caer la bola. Y ahí está el Ataque a la Identidad Central diciendo que debería rendirme. Interesante. Ahora, ¿cuál es el siguiente paso real? (Etiquetas el guion.)

Este pequeño acto es masivo.

Al etiquetar el guion, automaticas el pensamiento de la categoría de "Verdad" a la categoría de "Evento Psicológico."

El objetivo no es detener al Crítico de hablar. Hablará. Es parte de tu cerebro ruidoso.

El objetivo es dejar de otorgarle autoridad.

No discutimos con el guion. No debatimos los hechos que presenta. Simplemente lo archivamos: Guion Tóxico 4: Comparación.

Cuando ves el patrón, ves la mentira. El poder narrativo colapsa. Se convierte de un ataque personal y devastador a ruido de fondo predecible y automatizado. No necesitamos silenciar al comité completamente. Solo necesitamos dejar de escuchar sus horribles consejos.

EL CONFORT DEL DOLOR FAMILIAR: POR QUÉ OTORGAMOS AUTORIDAD A LA VOZ QUE NOS CAUSA MÁS SUFRIMIENTO

Esta es la parte más salvaje de todo el juego mental.

Otorgamos autoridad a la voz que más nos duele.

Escuchamos al Crítico. Le permitimos que nos critique. Señala defectos en un detalle impresionante y repetitivo. Grita sobre fracasos futuros. Y nos quedamos ahí, asintiendo. Decimos: "Sí. Eso suena correcto. Eso suena como yo."

¿Por qué creemos al miembro del comité que es abiertamente hostil?

¿Por qué elegimos otorgar el podio al orador que garantiza nuestra miseria?

Porque es familiar.

Es la banda sonora más antigua en tu sistema operativo. Ese crítico, ese preocupado, ese constante buscador de fallas—ha estado dirigiendo el espectáculo desde la infancia.

Quizás comenzó como un eco parental. Quizás era un mecanismo de supervivencia que desarrollaste en la escuela. Cualquiera que sea el origen, esa voz ha estado dirigiendo el espectáculo durante décadas.

Es una cantidad conocida.

La familiaridad genera un tipo tóxico de confianza. Incluso si esa voz entrega dolor, entrega un dolor predecible. Sabes exactamente qué miseria te servirá para el desayuno. Puedes programar tu reloj según el sabor de la autocrítica.

Es consistente.

Ahora, contrasta eso con la paz.

La calma es un territorio desconocido. El silencio se siente como un vacío.

El cerebro ansioso y primitivo está diseñado para la vigilancia. Piensa: Si dejo de preocuparme, dejo de prepararme. Si dejo de escuchar al Crítico, puedo volverme complaciente. Puedo perderme el peligro.

La trampa psicológica profunda es esta: Sufrimiento igual a Vigilancia igual a Seguridad.

El cerebro interpreta la ausencia de ruido no como paz, sino como una peligrosa falta de preparación.

Salir de la caminadora del autoabuso familiar se siente profundamente arriesgado. Se siente como quitar las manos del volante, aunque el volante te haya estado dirigiendo hacia las paredes durante años.

El Crítico ofrece certeza. Es una certeza terrible, sí. "Definitivamente vas a fracasar en este trabajo." "Definitivamente no eres digno de amor." Esta es una declaración sólida. Es una cantidad conocida.

La alternativa—la posibilidad de calma, la observación tranquila de la realidad—es lo desconocido.

El sistema humano está fundamentalmente cableado para preferir el camino conocido, incluso si ese camino está cubierto de piedras afiladas. Intercambiamos paz por previsibilidad. Intercambiamos alegría potencial por la falsa seguridad del dolor habitual.

Este es el consuelo del dolor familiar. Es la hendidura en la que corren tus neumáticos emocionales. Es profunda. Es fácil de seguir. Requiere cero esfuerzo consciente.

Debes darte cuenta de que la autoridad que le das a esta voz es un hábito, no una necesidad. No necesitas ganar paz sufriendo primero. No necesitas pagar el impuesto del dolor.

Esa voz es un narrador poco fiable. Es un detector de humo roto.

Deja de darle el micrófono. Deja de otorgarle las llaves del reino solo porque es la más antigua en la habitación. Tienes el poder para silenciarla. Simplemente aún no has ejercido ese poder. Confundiste su longevidad con su legitimidad.

No tiene ninguna de las dos.

El silencio que buscas no es aterrador. Simplemente es nuevo. Y está esperando.

CHAPTER SEVEN

EL PROTOCOLO DE ENTRENAMIENTO DE LA VOZ: CULTIVANDO ACTIVA Y CONSCIENTEMENTE AL NARRADOR INTERIOR CALMO Y OBJETIVO EN 14 DÍAS

Hemos cubierto mucho terreno.

Identificamos el ruido.

Practicamos no creer en el ruido.

Categorizamos el caos.

Ahora viene el trabajo. El entrenamiento activo. El verdadero cambio.

Este es el Protocolo de Entrenamiento de la Voz. Es el esfuerzo consciente y persistente para reemplazar el detector de humo que no funciona por un CEO tranquilo y capaz.

No sucederá por accidente. Puedes observar la voz ansiosa todo el día, pero la observación por sí sola es pasiva. Te da paz en el momento. Pero para construir una paz sostenible, debes desarrollar memoria muscular. Debes reclutar y entrenar activamente una nueva y mejor voz.

Piénsalo como aprender un nuevo idioma. Comienzas por solo escuchar. Eso son los Capítulos 1 a 6. Reconoces los sonidos. Entiendes la gramática del caos. Ahora, debes comenzar a hablar el nuevo idioma. Sonarás torpe. Tropezarás. Se sentirá forzado y falso.

Bien. Eso significa que está funcionando.

Tu cerebro ha estado hablando el lenguaje del pánico, la urgencia y la catástrofe durante años. Ese cableado es profundo. Estamos tendiendo nuevos cables de fibra óptica justo al lado de los viejos cables de cobre oxidados del antiguo sistema.

El Protocolo de 14 Días es el marco para esa instalación. No te obsesiones con los 14 días. No es un plazo de cura mágica. Es un período de intenso enfoque diseñado para romper la automaticidad de la voz antigua. Es tiempo suficiente para que el nuevo guion más tranquilo se sienta menos como una actuación y más como un hábito.

El cambio fundamental que estamos haciendo es de sujeto a observador, y luego de observador a narrador objetivo.

La voz ansiosa dice: Estoy abrumado.

La voz objetiva dice: Actualmente estoy experimentando una sensación de estar abrumado. Tengo tres tareas pendientes. Puedo elegir una para comenzar ahora.

Nota la diferencia. Es sutil, pero sísmica. La voz ansiosa es la experiencia. La voz objetiva reporta la experiencia y luego inmediatamente busca el siguiente paso accionable. Esta es la definición de la higiene mental estoica. Es limpia. Es eficiente. Es aburrida.

Y aburrido es exactamente lo que estamos buscando.

Aburrido significa paz.

Entendiendo la Calibración de la Nueva Voz

La voz del CEO tiene dos características principales: bajo volumen y cadencia lenta.

Tu voz ansiosa es un encabezado gritando en mayúsculas. Utiliza signos de exclamación. Es urgente. Exige atención inmediata y total. Suena como una conversación personal frenética que ocurre en tu pecho.

Tu narrador objetivo es un memo plano, basado en hechos, entregado en un tono monótono. Se asienta en tu lóbulo frontal. Nunca utiliza lenguaje emocional. Nunca usa términos absolutos como "siempre", "nunca" o "arruinado".

Necesitas entrenarte para escuchar la diferencia en la calidad acústica. Cuando captas que la voz antigua comienza, no solo desactives el pensamiento. Desactiva el volumen.

Baja el volumen interno.

Reduce el ritmo interno.

Este acto físico de reducir el patrón de habla mental es un poderoso interruptor. La sensación de urgencia está químicamente ligada a la velocidad de tu monólogo interno. Aceleras el monólogo, aceleras la adrenalina. Lo ralentizas, le das tiempo a la química para disiparse.

El Protocolo: La Reescritura Diaria

Tu tarea durante los próximos 14 días es simple pero no negociable: debes reescribir activamente el guion tóxico cada vez que lo captes.

Esto no es opcional. Este es el conteo de repeticiones.

Comenzamos utilizando las tres herramientas del narrador objetivo:

1. Identificación sin Juicio
2. Evaluación del Momento Presente
3. El Próximo Paso Inmediato

Así es como funciona la Reescritura Diaria:

Escenario: Estás revisando tu correo electrónico el lunes por la mañana. Ves una solicitud confusa de tu jefe.

La Voz Antigua (El Crítico/Planificador Paranoico) se activa instantáneamente.

VOZ ANTIGUA: Oh dios mío, esto es confuso. No entiendo esto en absoluto. Debo parecer incompetente. Voy a arruinar esto, van a saber que no puedo manejar este trabajo, y luego voy a perder mi carrera. Esto es totalmente abrumador.

Detente. Toma una respiración. Aquí es donde activas al CEO.

La Nueva Voz (El Narrador Objetivo) interviene.

NUEVA VOZ: Tengo un pensamiento fuerte de que perderé mi trabajo. Ese pensamiento se basa en un correo electrónico confuso. Actualmente siento presión en mi pecho. ¿Cuál es el hecho observable? El hecho es que recibí un correo electrónico que contiene tres preguntas específicas (A, B, C). No sé inmediatamente la respuesta a C. Esto no es una catástrofe. Este es un problema a resolver. ¿Cuál es el próximo paso inmediato? El próximo paso inmediato es releer el correo electrónico despacio y resaltar A, B y C.

¿Ves lo que sucedió?

Tomamos una trayectoria que iba de un correo electrónico a la destrucción de la carrera y la acortamos de nuevo al escritorio.

Esta es la práctica constante. Estás atrapando la exageración y forzándola en el arnés de la realidad medible.

El Papel Crítico de la Práctica de Bajo Riesgo

No podrás desplegar con éxito la voz objetiva cuando estés en una gran discusión o enfrentando una crisis financiera masiva en el Día 3. El ruido es demasiado fuerte.

Comenzamos pequeño. Practicamos en los entornos más mundanos y de bajo riesgo. Estás construyendo maestría a través de la previsibilidad.

Áreas de Práctica de Ejemplo para los Días 1-7:

Tráfico: La voz antigua grita que los otros conductores son idiotas, que llegarás tarde, y que este retraso prueba que el universo está en tu contra.

La nueva voz dice: Estoy estático. El retraso estimado es de siete minutos. Puedo usar este tiempo para ajustar mi postura. El ruido no es relevante para mi seguridad.

Café Derramado: La voz antigua se enfurece por el desperdicio, la inconveniencia y tu torpeza general. Utiliza la vergüenza como combustible.

La nueva voz dice: El café se ha derramado. Necesito tres toallas de papel. La acción requerida es limpiar. La sensación es una leve irritación. Este evento no tiene ninguna consecuencia a largo plazo.

Una Pequeña Expectativa No Cumplida: Planeabas hacer X, pero solo hiciste Y. La voz antigua comienza inmediatamente la autoflagelación.

La nueva voz dice: Completé el 70% de las tareas planeadas. Mi expectativa del 100% era quizás poco realista para el tiempo permitido. Cambiaré el 30% restante a la lista de mañana.

Cada despliegue exitoso de la nueva voz es un depósito en tu cuenta bancaria mental. Estas pequeñas victorias programan tu cerebro para que por defecto opte por la paz. Prueban que la voz tranquila es competente y efectiva.

La nueva voz no ofrece falsas esperanzas. Ofrece utilidad.

La Estructura de Responsabilidad de 14 Días

Para mantener la intensidad necesaria durante 14 días, necesitas un método de responsabilidad. No puedes simplemente confiar en desearlo.

Recomiendo el método "Tres Capturas".

Cada día, debes capturar al menos tres instancias donde la voz antigua intentó tomar el control, y tú realizaste con éxito la Reescritura Diaria.

Consigue un pequeño cuaderno o usa una aplicación de notas. Etiqueta la entrada:

1. Disparador (El correo electrónico confuso, el embotellamiento de tráfico, la cocina desordenada).
2. Guion Antiguo (La narrativa de catástrofe).
3. Nuevo Guion (La respuesta objetiva, orientada a la acción y plana).

Este registro escrito es vital. Crea evidencia física inmediata de que el guion antiguo es simplemente una sugerencia, no una realidad. Le muestra a tu cerebro el patrón de fracaso y luego inmediatamente le da el plan para el éxito.

Cuando mires hacia atrás al final de los 14 días, verás veintiún ejemplos de sustitución de pensamiento exitosa. Esa evidencia es innegable. Rompe la ilusión de que eres impotente contra el ruido.

El Peligro de Esperar Motivación

Esta es la parte más difícil del protocolo: Tienes que hacer el trabajo cuando no tienes ganas.

Esperamos a que la motivación nos golpee como un rayo. Rara vez lo hace. Esperamos el momento en que nos sintamos "lo suficientemente tranquilos" para desplegar la voz objetiva.

Eso es una trampa.

La voz objetiva no es generada por la calma. Es lo que crea la calma. Es la acción, no el resultado.

Cuando la ansiedad alcanza su punto máximo, el impulso es fusionarse con el sentimiento, resolver la crisis que la voz antigua ha fabricado. Este es el momento en que la disciplina es más importante.

Debes interrumpir la espiral con dos frases:

1. Detente. (Una orden interna rápida y aguda.)
2. ¿Cuál es el hecho? (El giro inmediato hacia la objetividad.)

Estás rehusando activamente otorgar a la comisión que grita la autoridad del CEO. Simplemente estás afirmando: Tu aportación está notada. Se basa en la emoción, no en datos. Voy por un camino diferente.

Esta es una postura agresiva. No es un cuidado pasivo. Es un contraataque psicológico.

Persistencia Sobre Perfección

Vas a fallar. Tendrás días en que la voz antigua esté descontrolada, y horas después te darás cuenta de que has pasado toda la tarde en un bucle destructivo sobre algo completamente fuera de tu control.

Esto no es un retroceso. Esto son datos.

El narrador objetivo no juzga el fracaso; lo analiza.

Si te pierdes un día completo de practicar la reescritura, la voz del CEO no dice: Arruinaste tus 14 días. Siempre arruinas esto. ¿Para qué continuar?

No. La voz del CEO dice: Me perdí la práctica de ayer. La consecuencia fue ansiedad aumentada. El plan para hoy es re-comprometerme con el método de Tres Capturas inmediatamente.

El protocolo no se trata de alcanzar un estado de cero ansiedad en 14 días. Se trata de establecer el hábito de interrupción y sustitución en 14 días. Se trata de probar a tu propio sistema operativo que hay una mejor configuración predeterminada disponible.

El poder de este protocolo radica completamente en la consistencia. No importa si tienes una reescritura perfecta cada vez. Importa que intentes tres veces, cada día, durante dos semanas.

Así es como estableces la base para un cambio permanente. Estás entrenando el músculo que elige la paz. Estás cultivando una voz en la que puedes confiar. Una voz que no es dramática, que no está en pánico y que no se basa en el pasado.

Una voz que simplemente pregunta: ¿Qué es verdadero y cuál es el siguiente paso productivo?

Escucha esa voz. Ya está ahí. Solo necesitamos aumentar su volumen.

POR QUÉ LA NEUTRALIDAD SUPERA LA POSITIVIDAD: CAMBIANDO TU NARRADOR DE JUEZ DURO A OBSERVADOR OBJETIVO (SIN 'AFIRMACIONES DIFUSAS' NECESARIAS)

Hemos terminado con la positividad tóxica.

Hemos terminado con afirmaciones difusas que se sienten como una mentira cuando las dices en voz alta.

Ya conoces la rutina. Te dicen que mires en el espejo. Se supone que debes gritar: "¡Soy un ser humano exitoso, vibrante y financieramente abundante!"

Pero tu cerebro conoce la verdad. Ve la pila de cuentas. Recuerda el error que cometiste ayer.

Tu Crítico interior no se calma cuando usas positividad agresiva. Se hace más fuerte. Contraataca. Dice: "¿Oh sí? Pruébalo, mentiroso."

La guerra civil interna se intensifica.

La positividad tóxica es fundamentalmente una forma de negación intelectual. Está tratando de imponer una realidad falsa sobre una que es desordenada e inconveniente.

Esto nunca, jamás funciona para una paz sostenible.

Lo que necesitamos no es positividad. Lo que necesitamos es neutralidad.

La neutralidad es el superpoder silencioso. Es el cambio operativo central que necesitamos instalar en nuestro sistema.

No estás entrenando a tu narrador para que sea un animador. Estás entrenando a tu narrador para que sea un reportero judicial.

El reportero judicial simplemente anota los hechos. No añade emoción. No añade juicio.

Imagina la diferencia en el procesamiento de datos.

El Crítico (El Juez) dice: "Soy patético por no haber terminado ese proyecto a tiempo. Soy un profesional terrible."

Ese juicio se fusiona con tu identidad. Te conviertes en el profesional patético y terrible. Te cierras.

El Observador Objetivo (El Narrador Neutral) dice: "Me doy cuenta de que la fecha límite del proyecto pasó ayer. La consecuencia es que ahora tengo X cantidad de trabajo atrasado por hacer."

¿Ves la distinción?

El Narrador Neutral informa sobre el evento externo y el estado interno sin asignar un fallo moral. Simplemente registra los datos.

No hay combustible emocional en los datos.

Solo hay combustible en el juicio.

Cuando te juzgas a ti mismo, te fusionas con el pensamiento. Colapsas la distancia. Le das al pensamiento el poder de definirte.

Cuando observas el pensamiento de manera neutral, mantienes la distancia. Sigues siendo el sistema operativo silencioso, observando cómo los pensamientos pasan.

Eres la persona que observa que estás estresado. No eres el estrés mismo.

En el momento en que puedes describir tu experiencia de manera objetiva, sin emoción, desinflas todo el ciclo de pánico.

Por eso rechazamos el enfoque de afirmaciones positivas. Si el Crítico dice: "Eres un fracaso", y tú contrarrestas agresivamente con: "No, soy un brillante éxito", sigues participando en la pelea. Sigue concediendo autoridad al Crítico al discutir con él.

El poder de la neutralidad es que no argumenta. Reconoce el ruido y degrada su estatus.

Practiquemos la degradación.

Tu cerebro grita: "Voy a perderlo todo." (Juicio/Proyección)

El Narrador Neutral responde: "Me doy cuenta de que ha llegado un fuerte sentimiento de miedo financiero. El pensamiento indica que voy a perderlo todo."

Tu cerebro grita: "¿Por qué no puedo dejar de pensar en lo que dije hace cinco años?" (Juicio/vergüenza)

El Narrador Neutral responde: "Mi sistema de memoria está reproduciendo actualmente un evento socialmente incómodo de hace cinco años. Estoy experimentando una poderosa sensación de calor y malestar."

Simplemente estás etiquetando el contenido. Estás documentando la ocurrencia del ruido.

No estás luchando contra la ola. Simplemente estás diciendo: "Oh, mira, una ola."

La transformación está en el lenguaje que usas internamente. Debes eliminar los adjetivos que llevan peso moral (perezoso, patético, brillante, asombroso). Los reemplazas con estados medibles (resistente, cansado, objetivo X logrado, tarea Y completada).

El Narrador Neutral es el verificador de la realidad definitivo. Te obliga a dejar de participar en la ficción (los juicios hiperbólicos del Crítico) y comenzar a involucrarte con los datos (la situación actual).

Este cambio aleja tu enfoque de la ansiedad vaga y abrumadora y lo redirige a la tarea a nivel micro que realmente puedes controlar ahora mismo.

Te entrenas para hablar la fría, dura y no emocional verdad sobre tu mundo interior.

Dejas de darle el micrófono al juez. Se lo entregas al reportero en su lugar.

Esta voz silenciosa y objetiva es lo que estamos cultivando durante los próximos catorce días. No requiere adornos espirituales. Solo requiere honestidad despiadada y distancia.

LOS PROMPTS DE CAMBIO INSTANTÁNEO ESTOICO: PREGUNTAS SIMPLES (COMO '¿QUÉ PUEDO HACER AHORA MISMO?') QUE DETIENEN EL PÁNICO EN SECO

El pánico es rápido.

Es una sobrecarga eléctrica de sentimiento que exige una solución inmediata y masiva.

El cerebro sobrepensador—la alarma de humo defectuosa—se pone ruidoso cuando piensa que un problema es demasiado grande para resolver. Exige claridad completa antes de que se calme.

Por eso intentar calmarte con afirmaciones vagas nunca funciona. "Estoy a salvo" no significa nada cuando tu sistema interno está gritando: "No, no lo estás."

No luchamos contra el giro con positividad forzada. Luchamos con una mejor pregunta.

Una pregunta precisa y poderosa es un interruptor de circuito.

Obliga al sistema a reiniciarse y reevaluar su lista de prioridades. Desvía instantáneamente tu energía del caótico mundo de la Rumia al mundo fundamentado de la Práctica.

Esta es la base de los Prompts de Cambio Instantáneo Estoico. Son simples. Son directos. Secuestran la espiral.

1. ¿Cuál es la única acción productiva disponible para mí ahora mismo?

El pánico ama esquemas grandiosos y abrumadores. Le encanta habitar en la totalidad del fracaso. Odeia pequeños pasos únicos.

Cuando el ruido comienza a exigir un plan de cinco años para la redención profesional o una reestructuración completa de tu personalidad, lo detienes en seco.

¿Cuál es el siguiente movimiento físico?

¿El siguiente correo electrónico?

¿La próxima llamada telefónica?

¿El siguiente sorbo de agua?

Focalizarse en la micro-acción saca tu conciencia del vasto y aterrador futuro y la centra en la realidad presente del esfuerzo. El cerebro no puede espiralizar de manera eficiente y completar una tarea simultáneamente. Elige la tarea.

2. ¿Es esto algo que puedo influir, o es algo que debo aceptar?

Esta es la Dicotomía Estoica del Control. Es el martillo central de la paz.

Si la respuesta es que no puedes influir en ello—las acciones de tu vecino, la decisión de tu antiguo jefe, el clima, el resultado de un mercado financiero—entonces la drenaje de energía se detiene. Inmediatamente.

No estás obligado a mantener ansiedad por cosas que no puedes afectar. Esa ansiedad es inútil. Es ruido crónico.

Si puedes influir en ello, genial. Consulta el primer prompt. ¿Cuál es la acción productiva?

Si no puedes influir en ello, desvías la energía hacia la aceptación. La aceptación no es derrota. Simplemente es afirmar el estado actual de la realidad. "Esto está sucediendo. Acepto este hecho actual." Ahora eres libre para concentrarte en la pequeña franja de la realidad que sigue siendo tuya: tu respuesta.

3. ¿Cuáles son los hechos neutrales y observables de esta situación?

La alarma de humo defectuosa no informa hechos. Informa interpretaciones, predicciones y proyecciones emocionales.

Dice: "Eres un completo fracaso."

Esa no es un hecho.

Necesitas despojar la historia y encontrar el núcleo de verdad debajo.

Hecho: No recibí la promoción que quería.

Hecho: Dije una palabra dura a mi cónyuge.

Hecho: Tengo $400 menos en mi cuenta de lo que anticipé.

Los hechos son calmos. Son concretos. Son manejables. La historia —"Estoy arruinado", "Mi vida se está desmoronando", "Soy terrible en las relaciones"—es caos.

Usa este prompt para obligar a tu mente a volver a la tierra. Sé granular. Cuanto más pequeño sea el hecho, menos aterrador será.

4. ¿Qué tan crítica es esta crisis si la veo desde 30 días en el futuro?

No sufrimos por el evento actual, sino por el juicio que le asignamos al evento ahora mismo. El momento presente está diseñado para sentirse máximo. Todo parece una catástrofe.

Debemos aplicar el chequeo temporal.

Toma la crisis actual y avanza mentalmente un mes en el reloj. O un año.

¿Importará esta discusión?

¿Importará este pequeño rechazo?

¿Importará esta preocupación financiera inmediata, o será simplemente un punto de datos en una narrativa mucho más larga?

Ver el momento actual desde el futuro inmediatamente reduce la escala del problema. Transforma una catástrofe en un incidente. Transforma un destino inevitable en un difícil martes.

5. ¿Cuál es la verdadera desventaja ineludible y puedo sobrevivirla?

Esto se llama premeditación de los males, o premeditatio malorum.

Tu cerebro ya está entrando en pánico por el peor de los escenarios. Simplemente lo está haciendo de manera vaga, lo que lo empeora. Los miedos vagos son siempre más pesados que los precisos.

Traemos el peor de los casos a la luz y lo definimos.

Si dejo mi trabajo, pierdo mis ingresos y beneficios de salud.

Si le digo la verdad a mi amigo, podría enojarse y marcharse.

Una vez que tengas el peor escenario definido, haces la segunda pregunta: ¿Puedo sobrevivir a eso?

Sí. Casi siempre, la respuesta es sí. Será difícil, desordenado, doloroso e inconveniente. Pero la supervivencia es cierta.

Definir el lado negativo y reconocer tu capacidad para sobrevivir a ello elimina el miedo a lo desconocido. Y lo desconocido es la principal fuente de combustible para el pánico.

Utiliza estas cinco preguntas como un conjunto de herramientas espirituales. Mantenlas cerca. En el momento en que el volumen amplifique, saca el aviso apropiado y obliga al cerebro a responder la pregunta, no a repetir el ruido.

EL DEFLACTOR DE LA ABSURDIDAD: CÓMO LA LIGEREZA Y LA RISA INMEDIATAMENTE DEBILITAN LA SERIEDAD ABRUMADORA

El cerebro ansioso es un cerebro fundamentalmente serio.

Se toma demasiado en serio.

Toma cada potencial desastre y lo eleva.

Coloca el desastre bajo un fuerte foco de atención.

Agrega música dramática y terrible.

El cerebro susurra: Esto es primordial. Esto te define. Esta es una amenaza existencial urgente.

Esta seriedad es el combustible para el fuego. Si la ansiedad se trata como profundamente importante y gravemente significativa, gana poder. Gana autoridad. Exige reverencia.

El humor es el antídoto instantáneo.

Es el Deflactor de la Absurdidad.

Es la forma más simple y poderosa de desactivar un pensamiento serio sin quedar atrapado discutiendo con él.

No puedes reírte profundamente y sentirte amenazado existencialmente por el contenido de un pensamiento al mismo tiempo. Los dos estados cognitivos son neurológicamente incompatibles. La risa es un interruptor de circuito. Obliga a una difusión cognitiva porque requiere dar un paso atrás y observar la situación desde la distancia.

Cuando el cerebro de la alarma de humo comienza a gritar sobre un desastre futuro, depende completamente de que tú trates esa amenaza con deferencia. Necesita que te acerques, escuches atentamente y entres en pánico.

Romperemos el ciclo con absurdidad.

Cuando notes un pensamiento catastrófico—fallaré esta presentación y perderé todo—no intentes contrarrestarlo con una afirmación positiva. Eso mantiene el pensamiento serio. Te mantiene luchando en el terreno del pensamiento.

En su lugar, cambia el contexto.

Hazlo ridículo.

Una poderosa técnica es la personificación a través de la farsa.

Hablamos sobre nombrar al crítico interno. Ahora, dale a ese crítico una voz ridícula y un sombrero estúpido.

Escucha el pensamiento: Eres un desastre que espera suceder.

Ahora, repite esa pista de audio con la voz de un gnomo gruñón que vive en tu microondas. O un mayordomo británico pomposo con una voz chillona.

Vas a fallar y todos te juzgarán, entregado por Elmer Fudd.

Inmediatamente, la intensidad se desploma. La amenaza de alta tensión —que requiere una internalización profunda y sobria—se convierte en un chiste de baja tensión.

¿Por qué funciona esto?

Porque la absurdidad resalta la distancia entre tú, el observador, y el ruido interno, la actuación.

El pensamiento no se ha resuelto. El miedo no ha desaparecido. Pero el poder, el agarre, se corta. El pensamiento se expone como un teatro tonto, no como una realidad sobria.

El humor es un acto profundo de falta de respeto hacia tu tirano interno.

Cuando la mente exige que tomes en serio el miedo a la ruina futura, ríe en su lugar. No significa que estés ignorando la planificación productiva. Significa que te niegas a ser aterrorizado por la narrativa.

Si un pensamiento serio se repite, exagéralo hasta el punto de la imposibilidad.

Mi jefe me odia.

No, tu jefe te ama tanto que va a encargar una estatua de bronce de ti para el vestíbulo. Van a nombrar a su primer hijo en tu honor. Van a declarar un día festivo nacional en tu honor.

No se trata de mentirte a ti mismo. Esto es una difusión activa. Estás utilizando el mecanismo cognitivo de la sátira para romper la seriedad hipnótica del bucle de pensamientos.

La alarma de humo que no funciona depende de estar en alta alerta. Alta seriedad. Alta vigilancia. Necesita que estés congelado y preocupado.

La risa rompe la parálisis. Inyecta energía y perspectiva. Te recuerda que incluso el peor resultado potencial es algo que sucede, no algo que te define.

Utiliza la ligereza de forma agresiva.

Es la forma más rápida de sacarte del campo gravitacional de una preocupación exagerada. Cuando todo se siente abrumador, pregúntate la pregunta más poderosa:

¿Qué es gracioso en esta situación?

¿Cuál es la exageración más ridícula y exagerada de este miedo?

No estás peleando con tus pensamientos. Simplemente te niegas a respetarlos. Estás convirtiendo el drama en un teatro de marionetas.

Recuerda esto: La seriedad exige tu obediencia. La absurdidad te otorga libertad inmediata. Elige la rebelión.

EL PLAN DE MAESTRÍA DE BAJAS CONSECUENCIAS: CÓMO PROGRAMAR EL NUEVO PATRÓN DE RESPUESTA CALMANTE A TRAVÉS DE PEQUEÑOS ENSAYOS DIARIOS

No estamos buscando la perfección.

Deja de intentar lanzarte a un estado de paz interior permanente y deslumbrante a través de un esfuerzo heroico. No funcionará. Chocarás y arderás. Te etiquetarás como un fracaso.

La maestría no es un destino. Es un hábito.

Si deseas programar el nuevo sistema operativo más tranquilo—el que donde tu narrador interno es objetivo, no está en pánico—debes entrenarlo en entornos de baja tensión.

Necesitamos ensayos. Repeticiones pequeñas y sin consecuencias que construyan caminos neuronales sin activar la respuesta traumática a gran escala.

No puedes aprender a difundir un pensamiento intrusivo durante un ataque de pánico si no has practicado mientras esperas que el agua de la tetera hierva.

Las apuestas deben ser bajas. Tu entorno debe ser seguro.

Aquí están los ensayos de baja tensión que registran la repetición necesaria. Haz uno o dos todos los días.

El Tráfico de Cuatro Segundos

Cada vez que estés atascado en un semáforo en rojo o en un tráfico lento, ese es tu momento de entrenamiento.

El tráfico es una molestia universal. Provoca esa frustración de bajo grado. Activa la persona Planificadora: "Esto es ineficiente. Estoy perdiendo tiempo. Debería haber salido antes."

En lugar de fusionarte con esa frustración, practica el papel de observador objetivo.

Esto es simple.

Simplemente declara, internamente: "Estoy detenido. Estoy a salvo. Estoy sintiendo la molestia."

No saques el teléfono. No comiences a revisar tu calendario.

Simplemente nota la tensión física que el tráfico genera en tus hombros o mandíbula.

Luego, libera deliberadamente esa tensión. Incluso si es solo por cuatro segundos.

Este ensayo enseña a tu cerebro que una pequeña inconveniencia no es una catástrofe. Enseña a tu cuerpo cómo relajarse en una situación estresante que no puedes controlar.

Estás registrando una repetición para la Aceptación Radical.

La Difusión en la Cola

Cuando estás esperando en la fila—en la tienda de comestibles, en el banco, para el ascensor—la mente lo odia.

Esperar se siente no productivo. El Desencadenante de Aburrimiento comienza a buscar problemas por resolver. Comienza a ensayar argumentos o a criticar a la persona que tienes delante.

Esta es tu oportunidad para practicar la difusión del pensamiento.

En lugar de creer la crítica, retrocede.

Escucha al comité argumentar. Dales un saludo mental.

"Hola, Crítico. Veo que quieres juzgar los zapatos de esa persona. Anotado."

Luego, concéntrate deliberadamente en un detalle sensorial del entorno inmediato. El olor de la cafetería. El sonido de la música. El peso de tus pies en el suelo.

Estás practicando retroceder del mapa (la narrativa interna) y anclarte en el territorio (la realidad del momento presente).

Cada vez que esperas en la fila y eliges observar tus pensamientos en lugar de seguirlos, fortaleces al narrador neutral.

El Protocolo del Error Tipográfico

Tu crítico interno vive para los errores.

Enviaste un correo electrónico con un error tipográfico. De vez en cuando, dejaste caer un vaso. Olvidaste un artículo en la lista de compras.

En el pasado, este pequeño desliz desencadenaría una reacción en cadena de autoflagelación: "Siempre meto la pata. Soy tan descuidado. No puedo manejar nada."

Este es un momento de entrenamiento de alto rendimiento.

En el instante en que se comete el error y el Crítico grita, debes interrumpir el patrón.

Usa la verificación de realidad absurda.

¿De verdad dejar caer el vaso terminó tu carrera? No. ¿El error tipográfico colapsó la economía global? No.

El objetivo aquí no es sentirse positivo acerca del error. El objetivo es la neutralidad.

Practica esta frase, con firmeza: "Ocurrió un error. Esto no define mi competencia."

Luego, muévete inmediatamente a la acción: limpia el cristal, envía la corrección, haz una nota para mañana.

Este ejercicio está entrenando tu cerebro para desacoplar el error de la identidad. Enseña que la solución objetiva es la prioridad, no la espiral emocional de la vergüenza.

Registrar las Repeticiones, No Buscar la Adrenalina

Este plan funciona porque es aburrido.

Carece del drama de una confrontación mayor. Carece de la profunda revelación de un retiro silencioso de ocho días.

Son solo pequeñas acciones. Repetidas.

Cada vez que eliges la nueva respuesta calmada en un momento de baja tensión, estás literalmente reforzando un nuevo circuito neural. Estás desdibujando el antiguo camino de la ansiedad. Estás fortaleciendo el nuevo camino de la observación objetiva.

El dominio se construye a través de este tipo de consistencia. Es el poder acumulativo de mil microelecciones que haces durante momentos aburridos y normales.

No esperes a la crisis para demostrar que estás calmado. Demuéstralo ahora, cuando no está sucediendo nada.

Los mayores avances en paz a menudo no llegan durante la meditación, sino cuando simplemente observas tus pensamientos sobre el tráfico y eliges relajar la mandíbula.

Es pequeño. Es silencioso. Así es como el nuevo código se convierte en predeterminado.

CHAPTER EIGHT

PERSONALIDAD PROTEGIDA: CÓMO LOGRAR LA PAZ TE HACE MÁS INTERESANTE, NO ABURRIDO

Hablemos de la mayor mentira que crees en este momento.

Es el miedo silencioso profundo en tu interior.

Es aquel que susurra: Si dejo de preocuparme, si dejo de sentir este intenso miedo, me volveré aburrido.

Me convertiré en un ser humano beige.

Crees que tu ansiedad es tu ventaja. Crees que tu constante análisis, tu planificación obsesiva, tu hipervigilancia, crees que eso es lo que te hace inteligente. O apasionado. O interesante.

Miras a personas verdaderamente calmadas y piensas que deben ser desapegadas. Piensas que deben ser secretamente aburridas. Asumes que han sacrificado su fuego para encontrar su paz.

Detente justo ahí.

Este es el mito central que mantiene a las personas brillantes y motivadas atrapadas en ciclos de caos. Confunden la reactividad con la realidad. Confunden el drama con la profundidad.

Tu ansiedad no es tu personalidad. Es la jaula que mantiene a tu personalidad como rehén.

Es el ruido en la línea. Ahoga tu verdadera voz.

No estamos apuntando a la vida de un 'robot tranquilo.' Te lo prometo. Estamos apuntando hacia una vida donde tus mejores características

—tu ingenio, tu empatía, tu inteligencia aguda, tu sentido del humor único —finalmente tengan el espacio para respirar y expresarse sin la constante interferencia del miedo.

La verdad es simple. La paz no te suprime. Te amplifica.

Pensando en las veces que te sentiste verdaderamente magnético. ¿Fue cuando estabas en pánico, divagando o ensayando? No. Fue cuando estabas presente. Fue cuando estabas escuchando atentamente. Fue cuando entregaste un chiste que cayó perfectamente porque tu tiempo no fue apresurado por el ruido interno.

Tu energía ya es masiva. Tu impulso ya es potente. La única diferencia es que ahora mismo, el 90 por ciento de esa magnífica energía se está utilizando internamente. Está apagando fuegos que no existen. Está realizando diagnósticos en sistemas que están bien. Es combustible que se derrama de un agujero en el tanque.

Cuando logras la paz psicológica, no pierdes el combustible. Parcheas el tanque.

Ahora, toda esa energía inherente y vibrante está de repente disponible para la creación. Para el amor. Para un trabajo profundo. Para un juego significativo.

Te vuelves más interesante porque ya no estás actuando.

Actuar es agotador. Intentar convencer a otros (y a ti mismo) de que estás bien, inteligente o exitoso a pesar del grito interno es un trabajo de tiempo completo.

Cuando dejas la máscara de la persona caótica y hipervigilante, te quedas con el yo auténtico. Y el yo auténtico es casi siempre mucho más fascinante que el mecanismo de defensa ansioso que intenta esforzarse demasiado.

El caos es predecible. El patrón ansioso es repetitivo. La paz es la base para la verdadera originalidad.

La energía que pensabas necesitar para preocuparte es la energía que ahora usas para vivir.

El Mito del Robot Tranquilo

Desmantelamos la idea de que la verdadera pasión requiere inestabilidad mental.

Algunas de las personas más exitosas y apasionadas del mundo son excepcionalmente calmadas. No son de baja energía. Son usuarios de energía altamente eficientes.

Mira a un atleta brillante. ¿Cuándo rinde mejor? En el ojo de la tormenta. Cuando están totalmente presentes. Cuando sus pensamientos están tranquilos. Su cuerpo se mueve con pasión, pero su mente está en calma. Si fueran controlados por el comité ansioso—¿Qué pasa si fracaso? ¿Qué pasa si fallo este tiro? ¿Qué pensarán?—se congelarían. Fallarían.

La pasión es una profunda implicación con la tarea presente.

La ansiedad es una profunda implicación con un futuro temido o un pasado avergonzado.

La paz es el requisito necesario para el máximo rendimiento humano.

Pensa en tus salidas creativas, sean las que sean. Escribir. Música. Cocinar. Planificar un gran proyecto. ¿Cuándo llega la verdadera inspiración? Llega cuando te alejas. Cuando dejas de forzarla. Cuando la presión se libera y tu cerebro finalmente tiene espacio para conectar ideas dispares.

Este espacio, esta quietud mental, es la ventaja competitiva definitiva.

El cerebro ansioso ve un problema y de inmediato comienza a entrar en pánico y a buscar cien soluciones simultáneamente. Dispersa el esfuerzo.

El cerebro calmado ve el problema, respira, lo categoriza (Capítulo 4), y dirige un enfoque similar a un láser hacia la acción más eficaz.

La persona ansiosa parece apasionada pero se agota rápidamente. Está impulsada por la evitación.

La persona pacífica parece estable pero tiene reservas de energía que duran años. Está impulsada por el propósito.

¿Cuál es realmente más poderosa? ¿Cuál es realmente más cautivadora?

Una persona que puede sostener una visión amplia y compleja sin entrar en pánico es cautivadora. Una persona que puede procesar contratiempos sin disolverse en autocompasión es cautivadora. Una persona cuya vida interna es estructurada y estable es un imán para oportunidades y conexiones.

La Mentira de la Autoborrado

Debemos ser muy claros sobre esto: Los métodos en este libro—la difusión de pensamientos, la neutralización del crítico, el establecimiento de límites de control—no tratan sobre quitar partes de ti mismo.

Tratan sobre quitar las partes que no eres tú.

Tu identidad desordenada, brillante, defectuosa, maravillosa es lo que estamos protegiendo.

La autoayuda a menudo impulsa la idea de que debes convertirte en "menos." Menos sensible. Menos enojado. Menos emocional. Menos tú. Exige el autoborrado.

Esta es una estrategia desastrosa. Intentar cortar una parte de tu personalidad porque a veces te causa dolor es como amputar un dedo porque alguna vez se atascó en una puerta.

Tu sensibilidad no es el problema. La reacción a tu sensibilidad—la rumiación, la autocrítica, las espirales de ansiedad—ese es el problema.

Cuando aplicas el Código, tu sensibilidad permanece. Solo se convierte en empatía en lugar de pánico.

Tu intensidad permanece. Solo se convierte en enfoque en lugar de frenético.

Tu humor oscuro permanece. Solo se vuelve más divertido porque no está impregnado de un verdadero y urgente auto-desprecio.

Estamos aceptando tu yo completo y desordenado. Solo estamos deteniendo la guerra civil interna.

Cuando la guerra civil interna se detiene, finalmente tienes la libertad de ser radicalmente, auténticamente quien eres. La energía que estaba defendiendo tu identidad ahora puede ser utilizada para expresarla.

Esa es la definición de interesante.

El Efecto Dominó

La estabilidad interna no solo te beneficia a ti. Revoluciona tus relaciones.

Cuando estás internamente tranquilo, te conviertes en un mejor amigo. Un mejor compañero. Un mejor colega.

¿Por qué? Porque te vuelves verdaderamente presente.

Pensando en lo que sucede cuando intentas escuchar a alguien mientras tu comité interno está gritando:

¿Están juzgándome ahora mismo? Debo interrumpir con mi ingeniosa anécdota. Necesito averiguar qué voy a decir a continuación. Espero que no preguntan sobre ese error que cometí la semana pasada.

No estás escuchando. Estás esperando para hablar. Estás constantemente triageando tu propio estado mental.

Cuando practicas la difusión y la conexión a tierra, el ruido disminuye. Estás ahí. Abierto. Sereno.

Cuando interactúas con las personas desde un lugar de paz genuina, les ofreces algo raro y poderoso: un espacio seguro.

Tu estabilidad actúa como un ancla emocional para las personas que te importan. Cuando una crisis afecta tu relación, la persona con la mente ruidosa amplifica el caos. La persona con la mente tranquila contiene el caos. Se convierte en el recurso. El suelo firme.

Las personas no se sienten atraídas por el drama. Se sienten atraídas por la confiabilidad y la presencia.

Tu regulación emocional revoluciona la comunicación. Dejas de reaccionar defensivamente a ofensas percibidas porque ya no crees en cada pensamiento que susurra sobre ser atacado. Puedes escuchar el contenido real de la conversación. Dejas de proyectar tu miedo sobre los demás.

Te conviertes en un colaborador destacado. Un amante considerado. Un padre no reactivo.

Esto no es aburrido. Esto es un poder profundo que cambia la vida.

La Síntesis: Sentir Profundamente Sin Ser Arrastrado

El punto final que debemos sintetizar es este equilibrio: sentir profundamente, pero mantener la estabilidad.

Algunas personas temen que el trabajo psicológico consista en adormecerse ante el dolor. Esa es una supresión tóxica (que cubrimos en el Capítulo 5). Rechazamos eso por completo.

Queremos que sientas el espectro completo de la experiencia humana.

Queremos que sientas la profunda y desgarradora belleza de la vida.

Queremos que sientas la emocionante alegría del éxito.

Queremos que sientas la punzada de la decepción.

La diferencia es cómo esos sentimientos se mueven a través de ti.

El cerebro caótico (fusión) es el sentimiento. Te sientes arrastrado. La emoción toma el control de tu juicio, dicta tu narrativa y te arrastra a espirales de rumiación durante días. Eres un barco perdido en una tormenta.

El cerebro tranquilo (difusión) observa el sentimiento. La emoción es una ola. Sientes la fuerza completa del agua, pero sigues de pie en la orilla, viéndola romperse, sabiendo que retrocederá.

Sientes profundamente. Lloras las lágrimas. Ríes la risa dura y alegre. Lloras la pérdida.

Pero no identificas todo tu ser con el estado temporal.

El dolor duele, pero no te define.

La alegría te emociona, pero no te hace excesivamente confiado y temerario.

Esta síntesis—compromiso profundo junto con estabilidad radical—es lo que hace que las personas estén verdaderamente vivas.

Es lo opuesto de aburrido. Es la definición de madurez y sabiduría.

Tu personalidad no solo está protegida. Finalmente está liberada.

Has despejado el ruido para que tu propia brillante señal pueda transmitirse clara, poderosa y consistentemente.

Ve a ser interesante. Ve a ser apasionadamente estable. El mundo necesita al verdadero tú, en calma, no al intérprete frenético que solías ser.

EL MITO DEL ROBOT TRANQUILO: POR QUÉ LA VERDADERA PASIÓN REQUIERE ESTABILIDAD MENTAL (Y CÓMO LA PAZ AMPLIFICA TU VENTAJA COMPETITIVA)

Temes volverte soso.

Te preocupa que si dejas de sobrepensar, dejes de importar. Crees que el ruido en tu cabeza es prueba de cuánto esfuerzo estás poniendo.

Si el caos se calma, ¿no muere la pasión?

Este es el Mito del Robot Tranquilo. Es la idea de que manejar tu ansiedad significa convertirte en un autómata insensible y pasivo. Que cambias tu brillantez e intensidad por una línea plana de contento moderado.

Necesitamos acabar con este mito ahora.

Lo opuesto es cierto.

La pasión no es lo mismo que la locura.

La locura es fuego disperso. Es energía nerviosa. Se siente productiva porque es rápida y agotadora. Pero carece de dirección. Se apaga rápidamente y te deja con inhalación de humo.

La verdadera pasión es calor enfocado. Es una quema controlada.

Piense en la persona que logra algo verdaderamente difícil. El creador. El constructor. El pensador estratégico. ¿Estaban impulsados por el pánico? No. Estaban impulsados por la claridad.

La pasión requiere un tremendo espacio mental.

Requiere la capacidad de sostener una idea compleja sin entrar en pánico inmediato sobre su viabilidad.

Necesitas estabilidad para mantener un rendimiento de alto nivel.

Tu cerebro solo puede producir dos cosas a plena capacidad: gestión de la ansiedad, o ejecución enfocada. No puede hacer ambas cosas simultáneamente y de manera sostenible.

Cuando estás estresado, la mitad de tu sistema operativo está dedicada a gestionar la evaluación de amenazas internas. El comité gritando está agotando recursos. Estás constantemente debatiendo, negociando y defendiéndote contra tu propia mente.

¿Cuánta energía deja eso para tu objetivo real? Quizás cincuenta por ciento. Quizás menos.

Ahora, imagina que el argumento interno se ha ido.

Imagina que el crítico ha sido difuminado. La paranoia ha sido categorizada y liberada. La energía que anteriormente se usaba para luchar contigo mismo ahora está disponible.

Esta es la razón por la cual la paz es la ventaja competitiva definitiva.

La paz que estamos construyendo aquí no es una rendición pasiva. Es conservación de energía agresiva.

Mientras tus competidores están gastando el 70% de su ancho de banda manejando fricciones emocionales, tú estás canalizando el 100% en el trabajo.

Estás viendo el campo claramente.

Estás tomando decisiones basadas en la realidad objetiva, no en el miedo.

El atleta de alto rendimiento no es el que corre gritando antes de la carrera. Es el que permanece quieto. El que tiene la mente en silencio, procesando exactamente lo que hay que hacer.

Esa quietud es el amplificador.

Cuando eliminas el ruido, no eliminas la señal. Eliminas lo estático.

El núcleo de quién eres—tu impulso, tu creatividad, tu intenso deseo de ganar—esa señal se vuelve más fuerte. Se vuelve innegable.

Una mente tranquila no mata la ambición. La afila.

Convierte la ambición vaga y ansiosa en una intención ejecutable y enfocada como un láser.

No pierdes tu fuego cuando encuentras la paz. Simplemente instalas el contenedor que permite que ese fuego arda más caliente, más tiempo y más poderosamente de lo que alguna vez pensaste que era posible.

Dejas de estar impulsado por el miedo al fracaso y comienzas a estar impulsado por un deseo genuino. Esa diferencia lo es todo. Ese es el secreto de la pasión duradera.

LA MENTIRA DE LA AUTO-BORRADO: POR QUÉ NUNCA DEBES DESCARTAR TU IDENTIDAD DESORDENADA Y BRILLANTE PARA ENCONTRAR UNA CALMA DURADERA

Debemos hablar sobre la mentira más grande y dañina en la autoayuda moderna.

La mentira es esta: Para encontrar paz, debes encontrar una versión de ti mismo que sea menos.

Menos intensa. Menos opinativa. Menos desordenada. Menos sensible.

El mito de la iluminación espiritual a menudo se traduce en la demanda de auto-borrado.

Se te anima a descartar tus bordes afilados. A suavizar tu persona fuerte. A eliminar la alta energía que te hace, francamente, fascinante.

Esta cultura te dice que la calma es equivalente a la neutralidad. Que la verdadera paz significa ser perfectamente maleable y estar libre de conflictos.

Esa es una promesa de aplanamiento psicológico.

Es una promesa de convertirte en genérico.

Y falla porque tu "identidad desordenada y brillante" es el motor central de tu vida.

Los rasgos que se te dicen que descartes—la intensidad, el impulso obsesivo, la profunda empatía que a veces conduce al dolor—también son los componentes de tu éxito y tu singularidad.

Si logras eliminarlos, no alcanzas la paz.

Alcanzas un tipo de agotamiento psicológico por intentar mantener una identidad en blanco que nunca se debió ser.

Vinimos aquí por un resultado muy diferente.

No estamos tratando de crear un robot tranquilo.

No estamos apuntando a un vacío donde solía vivir tu personalidad.

La premisa completa de este libro es protección, no destrucción.

Estamos aprendiendo a bajar el volumen del ruido para que tu verdadera señal—el ser brillante, complejo y motivado—pueda finalmente hacerse oír.

No estamos silenciando la voz crítica eliminando tu impulso. Simplemente estamos reconociendo que la voz es un programa de software defectuoso.

Conservamos el disco duro. Conservamos los datos. Conservamos el genio.

La paz no es lo opuesto de la pasión.

La paz es la base necesaria para una pasión sostenida y efectiva.

Cuando el ruido se gestiona, tu identidad no desaparece. Se amplifica.

When the noise is managed, your identity doesn't disappear. It amplifies.

La energía que gastaste preocupándote por ser demasiado, o demasiado ruidoso, o demasiado complicado, se libera repentinamente de vuelta al mundo—dirigida y limpia.

Se te permite ser profundamente ambicioso y estar tranquilamente centrado.

Se te permite ser altamente sensible y estar internamente estable.

Se te permite mantener tus aristas afiladas, tu oscuro sentido del humor y tu tendencia a obsesionarte con las cosas que amas.

Simplemente nos aseguramos de que la obsesión te sirva, en lugar de esclavizarte.

Nunca dejes que un gurú de autoayuda te convenza de que debes borrar las mejores partes de ti mismo para encontrar alivio.

Tu identidad no es el problema.

El problema era el sistema operativo roto que manejaba tu identidad.

Reparamos el código.

Ahora ve y sé exactamente quien eres. Todo ello. Desordenado y brillante.

EL EFECTO RIPPLE: LA MANERA INESPERADA EN QUE TU ESTABILIDAD INTERNA REVOLUCIONA TUS AMISTADES Y RELACIONES

PENSABAS QUE ESTE VIAJE ERA PRIVADO.

Solo tú y tu ruido interno.

Esa es la mentira que te dice el cerebro desordenado.

La estabilidad interna nunca es un acto solitario.

Es una onda de choque.

Se mueve hacia afuera de inmediato.

Afecta a cada persona con la que interactúas. Cada día.

Cambia fundamentalmente la atmósfera de tu hogar.

Te conviertes en algo diferente para ellos. Te vuelves confiable.

Piénsalo en las discusiones más comunes de tu vida.

¿Qué las alimenta?

Suele ser dos cerebros ruidosos chocando entre sí. Dos alarmas de humo chillando al mismo tiempo.

Dos egos luchando por aire y validación.

Cuando tu alarma de humo está en silencio, dejas de tomarte todo de forma personal.

No entras en pánico cuando tu pareja eleva la voz. No internalizas el mal humor de tu colega como un fallo personal.

Porque tu valor ya no está atado a su inestabilidad momentánea.

Puedes escuchar las palabras reales. No solo la amenaza percibida implícita por tu miedo.

Creas espacio.

Ese espacio es el regalo más profundo que puedes ofrecer a una relación. Ese espacio es donde la verdadera conexión puede respirar.

Ahora considera lo opuesto: tu atención.

¿Con qué frecuencia escuchas a un amigo mientras ensayas tu propia respuesta?

¿O mientras resuelves frenéticamente tus propios problemas internos?

Estás medio presente. Eso es irrespetuoso.

Una mente tranquila escucha completamente. Está presente.

Ese es el mayor regalo que puedes dar a alguien. Presencia pura, sin adulterar.

Cuando estás estable, tu colega te habla sobre un proyecto y escuchas los detalles. No filtrás esos detalles a través de tu propia inseguridad primero.

Tu amigo te habla de su profundo dolor. Eres un polo firme e inmóvil en su tormenta. No un reflejo tembloroso de su drama.

Esta estabilidad reduce la inmensa carga emocional que se exige a los demás.

Cuando aprendes a calmarte—mediante las herramientas de este libro—dejas de externalizar ese trabajo.

Dejas de demandar que tu pareja llene el vacío.

Esto es revolucionario para una relación a largo plazo.

Ellos ya no son tu terapeuta a tiempo completo. No se requiere que regulen constantemente tu estado de ánimo porque tú no puedes.

Ellos pueden simplemente ser tu pareja. Pueden simplemente ser tu amigo.

Eso elimina la presión sofocante de la dependencia. Les devuelve su libertad emocional.

Y esa libertad es lo que hace que quieran quedarse, felizmente.

En el trabajo, la estabilidad no solo es útil. Es un superpoder.

Te conviertes en el indispensable.

Eres la persona que se mantiene centrada cuando el caos golpea la oficina. Cuando la fecha límite se mueve o el presupuesto colapsa.

Estás tomando decisiones basadas en hechos. No en miedo.

La capacidad de pausar antes de responder—la habilidad de la no fusión—vale un aumento masivo.

Se percibe como competencia inmediata.

Las personas confían en la voz calma. Quieren seguir a la persona que no funciona con combustible de pánico.

Tu paz interna simplifica todo para quienes te rodean. Crea un puerto seguro.

Lo mejor y más generoso que puedes hacer por las personas que amas es aprender a gestionarte.

No es egoísta perseguir una mente tranquila. Es la forma más profunda de generosidad.

Les estás dando el regalo de una atmósfera estable y consistente.

Les estás dando el regalo de ti mismo, sin filtrar, y verdaderamente presente por primera vez.

Ese ripple lo cambia todo.

LA SÍNTESIS: EL SECRETO PARA SENTIR PROFUNDAMENTE SIN SER ARRASTRADO POR TUS SENTIMIENTOS

Esta es la distinción más crítica que haremos.

Es el miedo que mantiene a las personas aferradas a su ansiedad.

El miedo es este: Si dejo de preocuparme, si me calmo verdaderamente, dejaré de importar. Me volveré insípido. Perderé mi ventaja. Seré aburrido.

Piensas que tu ansiedad es la fuente de tu pasión. Piensas que el ruido alimenta tu impulso.

No lo hace. Lo agota.

La síntesis es el punto donde puedes experimentar la pura, abrumadora intensidad de la vida sin ser derribado por ella.

Se trata de volumen, no de silencio.

No estamos tratando de silenciar la experiencia. Estamos tratando de reducir la estática interna. El zumbido de fondo del comité.

Cuando la estática desaparece, la música de tu verdadera vida emocional se escucha más fuerte. Y más clara.

La estabilidad no te hace insensible. Te otorga capacidad.

Imagina que tu conciencia es un vaso.

Si ese vaso ya está medio lleno de preocupaciones, rumias y estrés (el ruido), cuando llega un sentimiento poderoso—una verdadera pasión, una profunda tristeza, una alegría magnífica—el vaso rebosa instantáneamente.

Te dejas llevar. Pierdes control. Te vuelves reactivo. Te fusionas con la emoción porque no queda espacio para la observación.

El trabajo del Código de la Mente Tranquila no se trata de drenar el vaso de sentimientos. Se trata de hacer el vaso más grande.

Se trata de eliminar el ruido crónico para que cuando lleguen los verdaderos, masivos y profundos sentimientos, tengas la estructura para contenerlos.

Puedes sentir todo.

Puedes sentir la intensa agudeza de una idea reveladora. Puedes sentir el agudo y profundo dolor cuando pierdes algo importante. Puedes sentir la oleada eléctrica del amor.

Y puedes sentirlo profundamente—hasta tus huesos—sin perder tu estabilidad.

Este es el secreto para sentir profundamente sin ser arrastrado. Es la constante presencia del Observador Objetivo que entrenamos en el Capítulo 7.

Cuando llega un verdadero dolor, el observador no intenta arreglarlo. No grita, "¡Esto es intolerable!"

El observador dice: "Hola, duelo. Eres poderoso. Estás presente. No eres yo, pero estás dentro de mí en este momento."

Esa pequeña separación—ese simple acto de nombrar y aceptar—es la palanca que previene la inundación.

Puedes experimentar todo el espectro humano de emociones. Puedes estar completamente vivo. Pero mantienes la estabilidad de la orilla.

Cuando estás fusionado con tus emociones, son una inundación que arrastra tus decisiones.

Cuando estás sintetizado—estable pero sintiendo—son datos crudos. Te informan. Colorean tu vida. Proporcionan la profundidad y textura que define tu alma. Pero no dictan tu comportamiento.

Por eso las personas tranquilas suelen ser las más apasionadas.

Tienen la capacidad mental para dedicar su energía a la búsqueda de la alegría o la excelencia. No están constantemente perdiendo energía luchando contra fantasmas internos.

Su estabilidad interna actúa como un amplificador.

Cuando sienten alegría, no se diluye por una preocupación de fondo sobre cuánto durará la alegría. Es pura.

Cuando sienten ira, se procesa rápidamente, no se permite que se convierta en una rumiación destructiva. Se convierte en combustible para la acción constructiva.

El objetivo nunca fue el desapego. Fue la capacidad.

El objetivo siempre fue la experiencia máxima, fundamentada en el mínimo caos interno.

No pierdes tu pasión. La refinadas.

Cambias la energía inquieta, ansiosa y frenética del cerebro de alarma de humo defectuoso por el poder profundo y consistente de un núcleo reactor.

Es confiable. Es limpio. Y te permite finalmente mantenerte firme en las aguas más profundas de tu propia alma. Ahora puedes sentir todo. Ve y siéntelo.

CHAPTER NINE

EL CÓDIGO APLICADO: INTEGRANDO EL SISTEMA DE MENTE TRANQUILA PARA UNA PAZ PERMANENTE Y SOSTENIBLE

Lo lograste.

Caminamos a través del ruido juntos.

Tienes el manual ahora. Construiste el código. Comprendes la mecánica de tu cerebro desordenado y magnífico.

Este es el capítulo sobre el juego largo. Se trata de integración.

Porque aquí está la verdad crítica y poco romántica: El trabajo nunca está terminado.

Nunca se detiene.

No recibes un certificado de calma permanente. No llegas a la cima y luego guardas las botas de senderismo.

Adquieres un contrato de mantenimiento.

Transitas de un estado de gestión de crisis a un estado de mantenimiento continuo y suave. Así es como se ve la paz sostenible. No es la ausencia de tormentas. Es la capacidad de navegar a través de ellas sin hundir tu propio barco.

Entonces, ¿cómo aplicamos este código de forma permanente? ¿Cómo tejemos la Difusión y el Control y la Neutralidad en la tela de una ruidosa tarde de martes?

Empezamos pequeño.

Dejamos de exigir una revisión radical. Nos enfocamos en micro-decisiones.

Los cambios psicológicos más poderosos son siempre incrementales. Son aburridos. Son confiables.

No necesitas un retiro de tres horas. Necesitas tres segundos de conciencia ahora mismo.

LOS PRIMEROS TRES SEGUNDOS

Todo el Sistema de Mente Calmante se basa en reconocer el pequeño espacio entre un estímulo y tu reacción.

Ahí es donde reside tu poder.

El correo electrónico difícil llega. El perro ladra a las 3 AM. Un colega hace un comentario pasivo-agresivo.

Estimulo.

Antes de este libro, la secuencia era automática: Estímulo, Fusión, Emoción, Reacción, Arrepentimiento.

La Aplicación del Código es simple: Insertamos un espacio.

Insertamos el Observador (Capítulo 7). Desplegamos la Difusión (Capítulo 2). Revisamos las categorías de Control (Capítulo 4).

La integración significa automatizar esta pausa.

El desencadenante sucede. El Comité comienza a gritar su guion habitual.

Tu trabajo ahora no es silenciar al Comité. Tu trabajo es simplemente notar que empezó a hablar.

Esa es la Difusión.

Está diciendo: "Esta es una catástrofe. Siempre arruinas esto."

Respondes—internamente, de manera neutral—con: "Ah. Estoy teniendo el pensamiento de que esto es una catástrofe."

¿Ves la diferencia?

No luchaste contra el pensamiento. No discutiste con él. Ni siquiera desafiastes su premisa.

Solo lo etiquetaste. Lo colocaste en la columna de "Pensamiento". Le quitaste su autoridad.

Este es el hábito más crítico para la sostenibilidad. Dejas de discutir con el clima dentro de tu cabeza. Solo notas que está lloviendo.

MANTENIMIENTO ES LA NUEVA PERFECCIÓN

Debemos abandonar la expectativa de perfección de inmediato.

Si crees que el dominio significa nunca enojarse, o nunca preocuparse, o nunca tener un pensamiento intrusivo nuevamente, has perdido por completo el punto.

Esa es la mentira espiritual que rechazamos en la Introducción.

Tu cerebro es una máquina de resolución de problemas. Continuará encontrando problemas hasta el día que mueras. Esa es su función.

El objetivo no es romper la máquina. El objetivo es instalar un mejor software para cuando inevitablemente surja un error.

La verdadera integración se ve desordenada.

Se parece a tener una terrible discusión, pero recordar cinco minutos después realizar la Descarga Somática (Capítulo 5) en lugar de estar rumiante durante cinco horas.

Se parece a caer en una espiral de vergüenza durante veinte minutos, pero darse cuenta: "Espera. Estoy fusionado. Este es el bucle de Ensayo de Vergüenza." Y luego usar el Mensaje de Cambio Instantáneo (Capítulo 7): "¿Qué puedo hacer ahora mismo?"

La métrica del éxito no es la presencia de paz. Es la duración del ruido.

¿Qué tan rápido puedes salir de esto?

Esa velocidad es tu poder. Esa velocidad es tu puntuación de integración.

La persona que puede recuperarse de un pensamiento catastrófico en 30 segundos es exponencialmente más pacífica que la persona que evita pensamientos catastróficos el 95% del tiempo, solo para verse paralizada por el 5% que permanece.

Estás entrenando para la resiliencia, no para la inmunidad.

EL CAMBIO A UNA PRÁCTICA BAJO RIESGO

A menudo esperamos eventos masivos y que cambian la vida para probar nuestras herramientas mentales.

La pérdida de trabajo. La ruptura. La enfermedad grave.

Es como esperar el juego de campeonato para probar un nuevo movimiento. Demasiada presión. Demasiado riesgo.

La integración sostenible requiere practicar el código durante los momentos de bajo riesgo. Esto entrena la memoria muscular.

Piense en las molestias cotidianas. Estos son tus ejercicios de entrenamiento.

Estás atrapado en el tráfico. El tráfico es incontrolable (Capítulo 4).

Código Antiguo: Furor. Tocar la bocina. Rumiaciones sobre por qué saliste tarde. El Impuesto de Preocupación (Capítulo 3).

Código Nuevo: Difusión aplicada al instante. "Estoy teniendo el pensamiento de que el tráfico debería moverse más rápido. Esa es la Trampa de la Futilidad."

Acción: Respira. Enfócate en el área de alto apalancamiento: Tal vez escuche el curso de audio que has estado posponiendo. Acepta la realidad.

Tu hijo derrama un tazón entero de cereal. Estás cansado.

Código Antiguo: Gritando. Crítico Interno gritando: "Eres un padre terrible que ni siquiera puede manejar el cereal."

Código Nuevo: La Micro-Pausa (Capítulo 5). Un paso físico hacia atrás. Etiquetado preciso: "Siento frustración. Mi cuerpo se siente tenso. Esta es tensión somática." Descarga: Sacude las manos durante diez segundos.

Luego: Cambio de Narrador (Capítulo 7). "Cereal derramado. Es un momento de caos. No un juicio de mi valía."

Estas pequeñas interacciones—el café derramado, la internet lenta, el desacuerdo menor—son las arenas donde programas el nuevo defecto.

No necesitas ser perfecto cuando tu mundo se está desmoronando. Necesitas estar programado cuando el mundo es simplemente molesto.

EL CÓDIGO DE MENTE CALMANTE COMO UN FILTRO

Cuando integras completamente el Código, deja de sentirse como una acción separada y comienza a sentirse como un filtro a través del cual ves la realidad.

Es tu nuevo sistema operativo.

Simplifica la toma de decisiones.

Cada pieza de información, cada preocupación, cada interacción, se filtra automáticamente a través de dos filtros:

Filtro 1: ¿Es este pensamiento hecho o ficción? (Difusión)

Filtro 2: ¿Está esto dentro de mi esfera de influencia? (Control)

Si la respuesta al Filtro 1 es "Ficción" (es una proyección, un miedo, un juicio) y la respuesta al Filtro 2 es "No," el material se descarta instantáneamente. Sin energía gastada.

Imagina el enorme volumen de capacidad mental que esto libera.

El noventa por ciento del ruido en tu cerebro—el comité constante y gritón—existe en la intersección del Miedo y la Falta de Control.

Cuando filtras esas entradas, te quedas con el 10% que requiere atención práctica.

Este es el poder de la neutralidad. No intentas estar feliz por el desorden. Simplemente te niegas a gastar tu presupuesto de energía finita en materiales que no puedes usar.

Eso es conservación de energía sostenible. Ese es el retorno de inversión 10x (Capítulo 4).

LA REALIZACIÓN DEL DESCUBRIMIENTO DE LA PAZ

Durante mucho tiempo, probablemente creíste que la paz era algo que tenías que lograr.

Un lugar al que tenías que llegar. Una medalla espiritual que tenías que ganar.

Esa creencia es agotadora. Te obliga a perseguir y esforzarte por algo que ya es tuyo.

El punto de integración final del Sistema de Mente Calmante es la realización de que la paz no se adquiere. Se descubre.

Es tu configuración por defecto.

Piénsalo de esta manera: Si tomas una hermosa mesa antigua de madera y le echas cincuenta latas de pintura—capas de preocupación, miedo, fusión, ansiedad y autocrítica—no necesitarías construir una nueva mesa.

Necesitarías quitar la pintura.

La mesa es el yo central. La paz. La cordura subyacente. Es fuerte, estable y ya está allí.

El Código es el agente de eliminación.

Dissuelve la pintura de fusión. Lija los viejos guiones del crítico. Limpia el desorden de lo incontrolable.

No estás creando calma. La estás revelando.

Y porque es tu estado natural, necesita menos energía para mantener que el ruido. El ruido requiere atención constante, combustible y creencias. La calma no requiere nada más que la ausencia de interferencia.

Esta realización invierte todo el proceso. Dejas de perseguir. Comienzas a permitir.

Permites que los pensamientos sean pensamientos. Permites que los sentimientos sean sentimientos. Permites que el mundo sea el lugar caótico e incontrolable que es.

Y en esa permisión, en ese suave liberarse del volante, encuentras tranquilidad.

La integración es simplemente elegir, en cada micro-momento, dejar de interferir con tu propia paz por defecto.

Es una disciplina de no-esfuerzo.

Mantén el código cerca. Úsalo a menudo. Ensúciate. Fracasa rápido. Reponte más rápido.

Esta es tu vida, ahora funcionando con el Sistema de Mente Calmante.

LA REGLA DE LOS HÁBITOS PEQUEÑOS: IMPLEMENTANDO CAMBIOS GRADUALES QUE GARANTIZAN ÉXITO A LARGO PLAZO SIN REVOLUCIONAR TU VIDA

¿Intentaste la meta enorme, verdad?

Todos lo hemos hecho.

La gran transformación. El cambio masivo en la vida. La decisión repentina de convertirte en una persona perfecta, espiritualmente despierta, de la noche a la mañana.

¿Cómo resultó eso?

Fracasó. Siempre fracasan. Se basan en la motivación. La motivación es una droga efímera e unreliable. Dura tres días, tal vez una semana, y luego el caos de la vida real aparece y desmantela tu plan perfecto.

Ya hemos terminado con los esfuerzos heroicos.

Estamos implementando la Regla de los Hábitos Pequeños.

Este es el plan anti-perfección. Así es como el Código de la Mente Calmada se convierte en una parte permanente de tu sistema operativo sin que notes el esfuerzo.

La regla es esta: Si quieres consistencia, debes apuntar a acciones que sean demasiado pequeñas para fallar.

Demasiado pequeñas para incluso requerir motivación.

Si tu objetivo es desarrollar músculo, no comienzas programando una sesión de entrenamiento de dos horas. Empiezas haciendo una flexión. Una. Eso es todo. Puedes saltarte el resto del entrenamiento, pero no puedes saltarte esa flexión.

Se trata de crear un impulso tan suave que la inercia ni siquiera note que te estás moviendo.

Cuando aplicamos esto a la mente, buscamos micro-intervenciones. Momentos de desfusión o conexión que toman cuatro segundos o menos.

No estás bloqueando quince minutos para sentarte y procesar tu trauma. Eso es intenso. Eso es insostenible.

Estás paralizando las pequeñas rutinas existentes de tu día para anclar el nuevo comportamiento.

Esto se llama apilamiento de hábitos.

Veamos el Código aplicado de manera incremental.

El momento en que te sientas en tu silla de oficina: Ese es tu desencadenante.

La acción no es reflexionar sobre tu día. La acción es nombrar tres colores que ves. Rojo, gris, azul. Eso es todo. Estás centrado. Acabas de sacar tu mente del futuro y ponerla en el presente. Cuatro segundos.

El momento en que tomas el primer sorbo de café: Ese es tu desencadenante.

La acción es observar silenciosamente el sabor, el calor y el peso de la taza. Eso es un escaneo corporal completo. Eso es micro-atención plena. Cuatro segundos.

El momento en que atrapas al Crítico Interno gritando un viejo guion: Ese es tu desencadenante.

La acción es utilizar el Deflactor de Absurdo. No discutes con el pensamiento. Dices, en tu cabeza, "Hola, Planificador Paranoico, gracias por la advertencia," y inmediatamente vuelves a centrar tu atención en la tarea que tienes entre manos.

Una oración. Una respiración. Ese es el nuevo patrón de respuesta.

El objetivo aquí es el volumen de repetición, no la intensidad del esfuerzo.

Tu cerebro no se preocupa si tus acciones son dramáticas. Solo se preocupa por la frecuencia. Cada vez que ejecutas con éxito una desfusión de cuatro segundos, refuerzas la vía neuronal para la calma. Le dices al sistema: Este es el nuevo defecto.

No estamos apuntando a un 100% de éxito en un objetivo masivo. Estamos apuntando a un 90% de consistencia en diez hábitos pequeños.

Si fallas en el gran objetivo, sientes vergüenza. Dejas de intentarlo.

Si fallas en nombrar tres colores una vez, no importa. Es demasiado pequeño como para generar vergüenza. Simplemente lo haces la próxima vez que te sientes.

La Regla de los Hábitos Pequeños hace que el fracaso sea casi irrelevante.

Cuando practiques la categorización de la Ilusión de Control—separando lo controlable de lo incontrolable—no lo haces durante una hora de escritura. Lo haces cuando abres tu correo electrónico.

Escaneas las líneas de asunto. ¿Puedo controlar el contenido de este correo? No. Solo puedo controlar mi respuesta.

Un escaneo de claridad pequeño. Hecho.

La clave para una paz sostenible a largo plazo es que tus esfuerzos deben ser invisibles para tu sistema de motivación. Deben requerir menos esfuerzo que saltarse ellos mismos.

Prueba esto hoy.

Identifica una rutina que ya haces sin pensar—dar la vuelta a la llave de encendido, lavarte las manos, cerrar tu computadora portátil.

Adjunta una acción del Código de cuatro segundos a ella.

Cuando el agua toque mis manos, notaré inmediatamente la temperatura.

Eso es todo lo que tienes que hacer.

Estás plantando semillas silenciosas de estabilidad a lo largo de tu día. Estás programando el sistema de mente calmada en segundo plano, como una actualización de software silenciosa.

No necesitas renunciar a tu trabajo. No necesitas mudarte a una cabaña. No necesitas una experiencia espiritual masiva.

Solo necesitas elegir de manera consistente y repetida la respuesta de cuatro segundos sobre la rumia de cuatro horas.

Así es como el Código pasa de la teoría al instinto. Incrementalmente. Silenciosamente. Permanentemente.

EL PROTOCOLO DE RETROCESO: TU GUÍA DE REFERENCIA RÁPIDA PARA DESFUSIÓN INSTANTÁNEA DE PENSAMIENTOS CUANDO OCURRE LA RECAÍDA

SUCEDERÁ.

Necesito que escuches eso claramente.

Tendrás una semana perfecta.

Quizás dos.

S sentirás la calma. Confiarás en la tranquilidad. Mirarás a tu alrededor y pensarás, "Finalmente lo resolví."

Entonces llegará el martes.

Un desencadenante aparece. Un mal correo llega. Alguien te corta en el tráfico.

Y de repente, la alarma de humo está gritando. El volumen está en 100.

Volverás a caer en un viejo bucle de pensamiento. Sentirás esa vergüenza familiar: Fallé. El código no funcionó. Estoy de vuelta en el punto de partida.

Este es el momento más crítico de tu viaje.

Porque una recaída no es un fracaso. Es simplemente un regreso temporal a un viejo hábito. Significa que tu cerebro, que por defecto se basa en la ansiedad, encontró un camino familiar, gastado y decidió tomar unas vacaciones cortas y terribles allí.

Tu misión no es detener las vacaciones por completo.

Tu misión es acortarlas.

Apuntamos a la velocidad de recuperación, no a la perfección de la práctica.

La diferencia entre una paz duradera y una lucha crónica no es cuán a menudo tropiezas. Es cuán rápido te vuelves a levantar.

Cuando el ruido vuelva, y lo hará, utiliza este protocolo. Está diseñado para ser desplegado instantáneamente.

Esta es tu Guía de Referencia Rápida.

EL PROTOCOLO DE RETROCESO: DESFUSIÓN INSTANTÁNEA EN 3 PASOS

Paso 1: La Fase de Reconocimiento y Nominación

Tu cerebro necesita dejar de fusionarse con el pensamiento de inmediato. Necesitas crear distancia.

Detén todo.

Tira del freno de mano. Literalmente, pausa lo que estés haciendo.

Identifica el tipo de ruido. ¿Es el Crítico que vuelve? ¿Es el Planificador Paranoico ensayando un desastre?

Nómbralo en voz alta, o internamente con firmeza: "Oh, mira. Es el Planificador nuevamente."

No te involucres en el contenido del pensamiento. No intentes resolver el ruido.

Simplemente etiqueta el ruido.

La etiqueta es la espada. Corta el cordón de fusión instantáneamente.

Usa la frase: "Estoy teniendo el pensamiento de que soy un fracaso."

No digas: "Soy un fracaso."

Reconocimiento: Estoy en un viejo bucle.

Nominación: Este es un bucle de pronostico.

Paso 2: Enraizamiento Sensorial—El Check de Realidad de 4 Segundos

Cuando recaigas, tu mapa mental se convirtió en el territorio. Estás perdido en el futuro teórico o en el pasado vergonzoso.

Necesitas anclarte de nuevo al presente físico, innegable. En este momento.

El momento presente es el único lugar donde el pensamiento no puede vivir.

Enfócate completamente en el cuerpo físico durante cuatro segundos.

¿Dónde están tus pies? Púlsalos contra el suelo. Siente la textura de tus zapatos.

¿Dónde está tu respiración? Toma una inhalación lenta y deliberada. Siente el aire tocando tu labio superior al exhalar.

¿Qué puedes ver? Nombra tres objetos que sean marrones. Tres objetos que sean rectangulares.

Desplaza tu cognición de la abstracción hacia hechos sensoriales.

Esto cambia el cerebro del sistema límbico (pánico) de vuelta a la corteza frontal (lógica y conciencia).

El ruido no puede resistir hechos duros y presentes.

Paso 3: La Declaración de Re-Entrada y Perdón

Este es el momento en que corriges la narrativa emocional del fracaso.

No permitas que el error agrave el sufrimiento. Ya cometiste el error (la recaída). No cometas uno segundo (la autoflagelación).

Sé objetivo. Sé amable.

Simplemente regresaste a la configuración predeterminada. No es personal. Es neurológico.

Declara tu Comando de Re-Entrada, firmemente:

"Regresé al ruido, pero ahora estoy de regreso."

"Este es un momento de práctica, no un fracaso."

"No requiero perfección, solo consistencia."

Luego, pregúntate suavemente: ¿Cuál es la acción muy pequeña y útil que puedo tomar a continuación?

No la acción perfecta. No la solución completa.

Solo el pequeño, útil paso.

Toma ese paso. Incluso si solo es caminar hacia la ventana y mirar el cielo.

El ruido no se maneja sometiéndolo, sino simplemente esquivándolo y alejándose.

La clave del Protocolo de Contratiempos es la velocidad. En el momento en que te des cuenta de que te estás ahogando en ruido, utiliza el Paso 1 de inmediato. No esperes a que pase la ola. Comienza a etiquetar. Comienza a sentir tus pies.

Los contratiempos nos enseñan dónde está la base débil. Son simplemente retroalimentación.

Agradece al ruido por la lección.

Luego baja el volumen y vuelve a vivir.

EL JUEGO LARGO: POR QUÉ EL DOMINIO ES UN MANTENIMIENTO CONTINUO, NO UN LOGRO ÚNICO (Y CÓMO DEJAR DE ESPERAR LA PERFECCIÓN)

HAS HECHO EL TRABAJO.

Tienes el manual ahora. Has practicado la difusión. Puedes nombrar al crítico. Sabes dónde está la línea entre la planificación y el pánico.

Aquí es donde aterriza la verdadera verdad.

No hay línea de meta.

Nunca te graduarás de esto.

Necesitamos abordar la profunda mentira cultural de que el dominio es un logro único. Nos encanta la narrativa del héroe que aprende la habilidad, derrota al villano y se aleja hacia un sol permanente y pacífico.

Eso es una trama de película. No es psicología humana.

Tu cerebro es un órgano vivo y adaptativo. Es altamente sensible a los estímulos, el estrés, la cafeína, el azúcar y el imbécil en el coche junto a ti. Es una máquina diseñada por la evolución para encontrar problemas. Nunca dejará de desempeñar su función principal, que es escanear el horizonte en busca de cosas que puedan matarte.

El código que aprendiste no es una solución permanente para apagar la máquina.

Es un programa de mantenimiento permanente para la máquina.

Piénsalo como la higiene dental. No cepillas tus dientes perfectamente una vez y dices: "Genial, mis dientes están reparados para siempre." Los cepillas dos veces al día, todos los días, porque el entorno trabaja constantemente para descomponerlos.

La paz mental es el mismo mantenimiento continuo.

Vas a despertarte mañana y tu comité interno estará gritando de nuevo. Serán más ruidosos si estás cansado. Serán agresivos si estás estresado por el dinero. Estarán completamente convencidos de que tienen razón si acabas de pelear con tu cónyuge.

El dominio no se define por la ausencia del comité.

Se define por la velocidad con la que te niegas a darles autoridad.

Estás jugando el juego largo. El juego largo se mide en momentos de recuperación, no en años de quietud.

Podrías ser arrastrado por una espiral. Podrías pasar dos horas rumiante sobre un desaire profesional. Antes de este libro, esa espiral podría haber durado dos semanas y costarte un sueño real. Ahora, dura dos horas.

¿Esa reducción en el tiempo? Eso es el dominio.

El dominio es reducir el tiempo de recuperación.

Es la capacidad de atraparte más temprano. Interrumpir el guion una frase antes. Desplegar un truco de anclaje 30 minutos antes de que el pánico te atrape.

Deja de esperar la perfección. La perfección es una fantasía creada para hacerte sentir inadecuado. Es el mecanismo de abandono definitivo. Si esperas cero pensamientos ruidosos, fallarás todos los días y eventualmente, arrojarás el libro al otro lado de la habitación y dirás: "Esto no funciona para mí."

Pero sí funciona para ti. Solo necesitabas ajustar la métrica.

La métrica es la consistencia, no la perfección.

No tienes que ser un gurú espiritual que irradie serenidad. Solo tienes que ser una persona que reconoce el detector de humo y sabe cómo desactivarlo rápidamente.

Este es un compromiso profundo con el mantenimiento continuo de uno mismo. Es la práctica de elegir repetidamente al observador silencioso sobre la voz histérica. Es una elección que haces una y otra vez.

Y esa elección, repetida con el tiempo, se convierte en tu nueva base.

El mantenimiento es la paz. El esfuerzo es la recompensa. Sigue apareciendo para el juego largo. Es el único juego que realmente importa.

DESCUBIERTO: LA REALIZACIÓN DEFINITIVA DE QUE LA PAZ NO SE ADQUIERE, SINO QUE SE DESCUBRE (EL PODEROSO RESUMEN)

Hemos perseguido la paz.

La hemos cazado.

Pensamos que vivía en algún lugar externo.

Creímos que era un destino.

La tratamos como un gran logro.

Esa fue la equivocación central que cometimos, el error de $9,000 que nos costó todo.

La paz no se adquiere.

No es un premio que ganas después de años de meditación silenciosa.

No es una medalla que se te otorga por un comportamiento excelente.

Se descubre.

Piénsalo así: tu mente es una antigua y valiosa pintura. Es perfecta por debajo. Pero a lo largo de los años, el entorno la ha cubierto de suciedad, humo y ruido. La pintura sigue ahí. La belleza es inherente.

No necesitas pintar un nuevo cuadro.

Necesitas el código para limpiar el lienzo.

Lo que hicimos en este manual fue restar el ruido.

No nos esforzamos por ser pacíficos.

Nos esforzamos por eliminar lo que bloqueaba la paz.

Identificamos el detector de humo defectuoso.

Desactivamos los pensamientos que no eran ciertos.

Soltamos la ilusión de control.

Reconocimos la futilidad de desear que las cosas fueran diferentes.

Cada herramienta que utilizamos, desde los estímulos estoicos hasta el Deflactor de Absurdidad, fue un acto de sustracción.

Cuando eliminas el desorden—cuando dejas de fusionarte con el comité gritando—¿qué queda?

Paz.

Es el estado por defecto.

Es la base tranquila de tu conciencia.

Comenzamos este viaje creyendo que teníamos que luchar para conseguir la calma.

Terminamos este viaje entendiendo que la calma es lo que queda cuando la lucha se detiene.

No eres la tormenta.

Eres el vasto cielo abierto en el que la tormenta aparece y desaparece.

Las herramientas en este libro te dan la habilidad de estar en el cielo, observando el clima, sin ser arrastrado por el viento.

Esta es la realización suprema que te liberta:

No necesitas perseguir nada más.

No necesitas buscar una solución que ya está instalada dentro de ti.

La paz es inherente.

Ya te pertenece.

Todo lo que tienes que hacer es negarte a cubrirla con ruido y preocupación innecesaria.

Mantén el Código cerca.

Mantén el volumen bajo.

El mantenimiento continúa, pero el trabajo fundamental está hecho.

La paz está descubierta.

VE Y SÉ RUIDOSO EN EL MUNDO, PERO HAZLO CON UNA MENTE CALMANTE

Mírate ahora.

Has hecho el trabajo.

Has caminado derecho a través del ruido.

No fue fácil.

Fuimos profundos en las partes desordenadas del cerebro.

Confrontamos el detector de humo.

Dejamos de pretender que la positividad superficial funciona.

Dejamos de intentar suprimir la realidad.

Aprendiste a desactivar la bomba de pensamiento.

Aprendiste a no tomarte demasiado en serio.

Aprendiste a respirar cuando el detector de humo grita su chillido más ruidoso y ridículo.

Recuerda la promesa que hicimos.

No tenías que convertirte en un monje.

No tenías que intercambiar tu fuego por una paz falsa.

No tenías que eliminar tu honesta, brillante y compleja personalidad.

El mundo necesita esa personalidad.

Lo que eliminaste fue el sufrimiento innecesario.

Solo encontraste el espacio tranquilo dentro de ti mismo.

El núcleo estable.

La paz operativa.

Ve y vive tu vida ahora.

Usa esa energía que reclamamos de la ilusión de control.

Ve y sé ruidoso en el mundo.

Crea un desorden glorioso.

Asume los riesgos que no podías asumir antes.

Pursue the passion that the fear was hiding.

Pero hazlo con una mente tranquila.

Hazlo desde ese núcleo estable.

Mantén el código cerca.

Siempre está disponible.

Y estaré aquí si alguna vez necesitas volver y pasar la página de nuevo.

Esto es mantenimiento continuo, después de todo.

Bienvenido a la calma.

Ahora ve a hacer algo de ruido.

www.ingramcontent.com/pod-product-compliance
Lightning Source LLC
LaVergne TN
LVHW020104081026
849580LV00013B/1781
* 9 7 9 8 3 4 8 5 3 9 8 2 5 *